高等政法院校法治学系列教材
学术顾问 杨宗科 汪世荣 闫晓君

中华法治文明

陈玺 主编

ZHONGHUA
FAZHI WENMING

中国政法大学出版社
2023·北京

声　明　1. 版权所有，侵权必究。
　　　　2. 如有缺页、倒装问题，由出版社负责退换。

图书在版编目（CIP）数据

中华法治文明/陈玺主编. —北京：中国政法大学出版社，2023.1（2025.2重印）
ISBN 978-7-5764-0840-9

Ⅰ.①中… Ⅱ.①陈… Ⅲ.①法制史－中国 Ⅳ.①D929

中国国家版本馆CIP数据核字(2023)第024746号

书　名	中华法治文明 ZHONGHUA FAZHI WENMING
出版者	中国政法大学出版社
地　址	北京市海淀区西土城路25号
邮　箱	bianjishi07public@163.com
网　址	http://www.cuplpress.com（网络实名：中国政法大学出版社）
电　话	010-58908466(第七编辑部) 010-58908334(邮购部)
承　印	固安华明印业有限公司
开　本	880mm×1230mm　1/32
印　张	8.5
字　数	200千字
版　次	2023年1月第1版
印　次	2025年2月第2次印刷
定　价	36.00元

《中华法治文明》编委会

主　编：陈　玺

副主编：刘全娥　吕　虹　律　璞

　　　　马　成　任亚爱　杨　静

适应新时代新要求　建设"新法科""新法学"

（代　序）

杨宗科

我国经济社会已经进入新时代，新时代是承前启后、继往开来、在新的历史条件下坚持和发展中国特色社会主义的时代，也是以互联网、人工智能、大数据为特征的信息化时代。科学技术的不断迭代和革新拓展了人类的思维和认识视野，也对教育研究领域提出了新的要求。新技术催生了新的行业和研究领域，新兴学科、交叉学科也层出不穷。在新科技革命大背景下，教育研究面临的许多社会问题都成为高度融合的、与多个学科领域相关的综合性问题，多学科、跨学科的交融已经成为学科发展的趋势之一，法学教育和法学研究当然也不能例外，需要及时对这种变化作出回应。

一、建设"新法科""新法学"正成为新时代的基本共识

（一）建设"新法科""新法学"的时代背景

世界正在变化，教育也必须变革，创新是高等教育的本质属性。党的十九大提出了社会主义现代化基本目标，在高等教育领域则体现为高等教育的现代化、高等教育强国新征程。在新时代新形势下，改革开放和社会主义现代化建设、促进人的全面发展和社会全面进步都对高等法学教育以及法学研究的发

展和建设提出了新的和更高的要求。

2018年8月24日，习近平总书记在中央全面依法治国委员会第一次会议上提出的全面依法治国新理念、新思想、新战略，为建设"新法科""新法学"指明了前进的方向。同日，中共中央办公厅、国务院办公厅联合下发了《关于以习近平新时代中国特色社会主义思想统领教育工作的指导意见》。坚持以习近平新时代中国特色社会主义思想全面指导教育工作，必须坚持把服务经济社会发展全局作为重要使命。为此，2019年教育部《关于深化本科教育教学改革全面提高人才培养质量的意见》提出，要优化学科专业结构，发展新工科、新医科、新农科、新文科，这一要求对于法学也是完全适用的。

2019年2月23日，中共中央办公厅、国务院办公厅印发《加快推进教育现代化实施方案（2018—2022年）》，提出深入实施"六卓越一拔尖"计划2.0，推进高等教育内涵发展，进一步提高高校人才培养质量和服务社会经济发展能力。为此，2019年4月29日教育部"六卓越一拔尖"计划2.0提出，教育部将从2019年至2021年，分三年全面实施"六卓越一拔尖"计划2.0，全面推进新工科、新医科、新农科和新文科建设。时任教育部部长陈宝生指出要"建设高水平本科教育，必须强化创新精神，大力发展'四新'"，着力突破学科壁障，推动学科融合、专业融合育人。

文科是"人文社会科学"（或称"哲学社会科学"）的简称，是人文科学和社会科学的统称。其中，人文科学主要研究人的观念、精神、情感和价值；社会科学主要研究各种社会现象及其发展规律。新文科是基于传统文科进行学科重组、文理交叉，即把新技术融入哲学、文学、语言等课程中，为学生提供综合性的跨学科学习。新文科的"新"，主要体现在新的办学制度、新的评价体系、新的学科和专业布局之中，代表着一种融合趋势，具有战略性、创新性、融合性。同时，新文科建设要解决的是传统文科在面对新的社会问题时所产生的滞后性问题。因此，新文科是问题导向的，是运用跨界思维，使用文文互鉴、文理交叉、文工融合的思维方式解决问题。同时为了寻求对社会和人类自身的研究，通过"跨界"方式进行革新。这种"跨界"不仅发生在文科的各学科之间，也会出现在文科和理科、工科、医科等学科之间，强调多学科之间的交叉和深度融合，主要从本土化、交叉化和国际化三个维度展开。新文科的这种最新发展趋势理所当然地也应体现在"新法科"以及"新法学"的发展与建设之中，这是新时代哲学社会科学发展的新要求，也将引领法学教育和法学研究的未来。

（二）建设"新法科""新法学"的必要性和迫切性

1. 新时代社会主要矛盾的新变化客观上要求建设"新法科""新法学"

法学学科在学科门类上归属于文科，是研究法律现象及其规律的一门社会科学。而法律以社会为基础，法律现象就是法律在调整人们满足自己需求过程中产生的各种社会关系的社会现象。人的需要和满足需要的方式构成了推动社会发展的主要矛盾。社会主要矛盾不同，人的需要和满足需要的法律调整机制也不相同，法律制度的内容、原则和方式也就不同。可以说，法与社会主要矛盾的关系，是法律制度内部矛盾关系的基础，构成了法学研究对象的核心。

中国特色社会主义进入新时代，社会主要矛盾已经转化为人民日益增长的美好生活需要和不平衡不充分的发展之间的矛盾。人民美好生活的需要日益广泛，不仅对物质文化生活提出了更高的要求，而且在民主、法治、公平、正义、安全、环境等方面的要求也日益增长。习近平总书记在十九大报告中强调："必须认识到，我国社会主要矛盾的变化是关系全局的历史性变化，对党和国家工作提出了许多新要求。"社会主要矛盾的新变化对于法治建设、法学教育、法学研究必然也会提出新问题、新要求。因此，法学教育和法学研究的核心转变为如何为满足人民对美好生活需要提供法治保障，回应社会发展中出现的新问题，拓展法学研究新边界。新时代法学教育面对的新的社会主要矛盾，在矛盾的领域、范围、性质、解决方式等方面发生了历史性变化。可以想见，新问题呼唤新理论、新知识，新时代的法与社会主要矛盾的关系也呼唤"新法科""新法学"予以解决。

2. 坚持以习近平全面依法治国新理念、新思想、新战略指导法治中国建设，迫切要求建设"新法科""新法学"

习近平全面依法治国新理念、新思想、新战略把马克思主义法学的基本观点、基本方法与习近平新时代中国特色社会主义法治建设的实际紧密结合，经过了长期的实践检验，具有系统性、针对性、时代性、科学性、实践性、人民性，是指导新时代法治中国建设、法学教育、法学研究的世界观和方法论。习近平全面依法治国新理念、新思想、新战略是习近平新时代中国特色社会主义思想的重要组成部分，是马克思主义法治思想中国化的最新成果，是中国特色社会主义法治理论的重大创新和核心内容，是全面依法治国的根本遵循，是建设"新法科""新法学"的指导思想。

习近平全面依法治国新理念、新思想、新战略，立足中国特色社会主义进入新时代的新的历史方位，坚持问题导向、目标导向，内容既全面系统、博大精深，又重点突出、切实可行。

特别是它明确了全面依法治国的指导思想、发展道路、工作布局、重点任务，为新时代法学教育提出了一系列重大理论命题，需要我们法学工作者长期认真研究。可以说全面依法治国新理念、新思想、新战略确定了"新法科""新法学"的指导思想和核心内容。新理念、新思想、新战略必然产生新学理、新范畴、新命题、新法学。对于这些重要思想的理论阐述，必然会形成新的法理思想，形成"新法科""新法学"的基础理论和方法论的内容，从而为建设"新法科""新法学"提供理论指导，也对法学教育、法学研究领域相关理论的更新提出新的要求。

（三）建设"新法科""新法学"已成为新时代的基本共识

如前所述，新时代新科技迭代发展、国际格局发展和人民对法治文明需求的变化催生了"新法科""新法学"的巨变，建设"新法科""新法学"是适应新时代社会主要矛盾新变化的客观需要，也是坚持以习近平全面依法治国新理念、新思想、新战略指导法治中国建设的迫切要求，是中国高等教育实现现代化、建设高等教育强国的一种创造性探索，已经逐渐成为新时代法学界的基本共识。

可以看到，建设"新法科""新法学"的基本目标，对法学教育和法学研究提出了新的要求，中国的法学教育应当在培养德才兼备的高素质卓越法治人才、提供咨政决策等社会服务、树立社会法治信仰、实现法治和法学的国际交流与合作等方面有所创新、有所作为。通过追求多样化而非同质化的"卓越"，追求开放性而非封闭性，追求学科内涵的转变而非学科规模的扩张，在总结现有经验的基础上，法学学科应当对一级学科进行更新，也应根据学科领域或学科内容对一级学科进行一定的拆分,通过打破当下法学学科设置的固化和局限,对现行的法学一级学科进行有针对性的调整,从而推动法学学科的新发展。

对于法学院校而言,在新时代大背景下,建设"新法科""新法学"就要求法学院校在学校层面高度重视法学学科的建设,在法科生源、培养目标、教学内容、课程模式、师资队伍、人才培养模式等方面进行不断更新,在知识体系、学术体系、话语体系上不断创新,通过努力汇聚国内外一流的法学人才,聚焦国际热点前沿趋势、服务国家重大战略需求,尽可能地探索和研究法学与新兴学科、交叉学科的发展与创新,充分利用各个学校的科技优势,建设"新法科""新法学"。

二、建设"新法科"是法学教育适应社会发展新需求的必然选择

(一)"新法科"的基本内涵

宏观意义上的学科是一定科学领域的分类或一门科学的分支。具体而言,学科是依据一定的教学理论组织起来的知识和技能的体系,是学术发展的组织依托和学术管理的基本单元,学科体系则是由若干有内在关联的学科构成的知识体系。法学学科体系的构建具有很强的实践导向,也有很强的顶层设计导向。一方面,学科和学科体系的演化发展基于知识单元的生成、裂变、移植和重组,这是旧有学科发展和新兴学科形成的内在动力机制,有不以人的意志为转移的规律性。另一方面,新学科的发展依赖具体的外部环境,离不开经济、教育等外在社会条件的发展。在新时代大背景下,以互联网、大数据和人工智能为代表的新技术革命,给法学学科体系建设提出了新的课题。"新法科"建设的内容也应当以推动学科的内涵式发展为目标,发展基于中国实践、问题导向的"新法科",从单一化走向交叉化,从

注重学科规模扩张走向强调学科内涵的转变，从封闭性走向开放性。

1. "新法科"应当是适应法治中国建设需要的新的法学学科体系

目前的法学学科体系，主要由十个二级学科即法学理论、法律史、宪法学与行政法学、民商法学、经济法学、军事法学、国际法学、刑法学、诉讼法学、环境与资源保护法学组成。除了法学理论和法律史学，其他的学科基本上对应的是法律体系中的"七个部门法"和"国际法"。2017年5月3日，习近平总书记在中国政法大学考察时的讲话中，明确提出了现有法学体系存在的不足，特别对学科体系、学术体系和人才体系相关问题作出了明确指示，指出我国目前的法学体系中，"学科结构不尽合理，法学学科体系、课程体系不够完善，社会急需的新兴学科开设不足，法学学科同其他学科交叉融合还不够，知识容量需要扩充……有的学科理论建设滞后于实践，不能回答和解释现实问题"。这就要求我国的法学学科建设要跟上时代发展，体现坚持和发展中国特色社会主义的客观要求。

但在建设法治体系的大背景下，目前的法学学科体系至少存在三个明显的缺陷。

一是有法无治，重法轻治，只有法律体系的知识、缺少法治体系的知识。如"法治实施体系""法治监督体系""法治保障体系""党内法规体系"，对于这些问题的系统研究，必然会产生新的法学分支学科，应当充实到新的法学体系之中。

二是就法律体系而言，外在社会条件发生了变化，法律体系也随之发生了变化，知识产权和科技法、新经济法、国家安全法、生态环境保护法等作为新兴部门法正在成长，应当充实到法学体系之中。

三是新的科学技术发展中以大数据、人工智能为代表的新科技引发的新兴法学,如智慧法学、数字法学、信息法学等,也应当充实其中。因此,建设"新法科"应从建设中国特色社会主义法治体系的需要出发,在法的体系、法律体系、法治体系有机联系的基础上重构法学学科体系。

而从现实层面看,我国的法学学科分类又主要存在以下几方面的问题:

首先,法学学科分类的逻辑性欠缺。我国当下的法学专业既是学科门类,又是一级学科,同时还将政治学、社会学、民族学、马克思主义理论与公安学等都涵盖在法学学科门类当中,其所挂靠的一些学科在逻辑上存在不相对应的问题。

其次,法学一级学科分类科学性不足。目前法学大类只设一个法学一级学科的做法难以适应实际需求,应该根据学科发展规律对法学一级学科进行适当地拆分。同时法学一级学科的分类过于单一,使得法学研究难以与其他一级学科相互匹配。

最后,目前的法学学科分类不利于社会资源在学科领域内的分配,而当前我国的特色学科发展、特色人才培养都依靠学科体系的保障,因此对我国的法学学科应当进行更科学、更明确的划分。

2. "新法科"应当是培养德法兼修高素质法治人才的教育体系

2017年5月3日,习近平总书记在考察中国政法大学时指出:法治人才培养上不去,法治领域不能人才辈出,全面依法治国就不可能做好。新时代推进全面依法治国,必须全面做好法治人才的培养工作。长期以来,由于服务的目标任务及法学体系等因素,我国的法学教育强调要有系统的专业法学知识、扎实的法学理论基础和基本的专业技能。法学教育长期被认为是"专业教育",甚至是"素质教育""通识教育"。在培养目标方面,传统的"五院四系"等名校,以培养法官、检察官、律师等法律职业化人才为目标,其他的院校基本上是多元化的专业教育。这就导致法学教育领域出现了重形式轻实效、重专业轻思想政治素质等问题。进入新时代,面向全面依法治国的需要,必须确立新的人才定位。十八届四中全会提出了建设法治工作队伍的目标任务,2017年5月3日习近平总书记考察中国政法大学时所作的讲话中明确提出,希望我们的法学教育要坚持立德树人,不仅要提高学生的法学知识水平,而且要培养学生的思想道德素养,首先要把人做好,然后才可能成为合格的法治人才,强调德法兼修、明法笃行。因此,新时代法学教育的培养目标应当是培养德法兼修、明法笃行的高素质法治人才。从法律人才到"卓越法律人才"再到"卓越法治人才",看似"一字之差",实则性质定位有很大的不同。人才的知识结构、能力要素、素质要求、培养方式等都有明显不同,这不是量的变化,而是质的变化。教育部、中央政法委《关于坚持德法兼修实施卓越法治人才教育培养计划2.0的意见》对于新时代法学教育新目标也作出了规定,强调卓越法治人才是懂政治、懂法律、懂治国的高素质人才。

新培养目标的变化,在培养规格上也应有所变化。法学本科教育要强化德育教育,扩充专业教育,培养全科法学本科生。法学硕士教育要向宽口径转向,保证法学硕士的基本知识结构,强化法治理论实践教育。法律硕士要加大法治理论体系和知识体系的教育。法本法硕要在法学本科法律知识体系的基础上,强化对法治生活经验的知识教育和能力培养,形成6年制的法治专门人才培养模式。同时,适应法治建设要求,探索"法治博士"培养,探索法科与其他学科应用型、实践性、高层次结合的"4+4"模式,即法外学科本科四年,加法律硕士和博士主要环节,构建以"高端法律人才"为目标的"法治博士"学位。

3. "新法科"应当是适应社会职业需要的新的课程体系

课程是学校学生所应学习的学科总和及其进程与安排,其产生、发展的变化过程与政治、经济、哲学、科学、教育思想、学生需要等都有密切联系。课程体系是学科体系与社会职业需要相结合而形成的人才培养的主要载体,高素质法治人才培养最关键一环终要落实在课程体系的设计上。在目前的法学本科教育中,按照"德智体美劳"的要求来讲,公共课的课程设置还存在着"德育、体育、美育、劳育"等课程薄弱环节。在专业课程上,高等学校法学类专业本科教学指导委员会提出了法学本科核心课程的调整意见,包括把中国法制史改为中国法律史,增设"法律职业伦理"等核心课程。政法院校"立格联盟"提出的法学专业基本设置标准,以及教育部发布的《法学类专业教学质量国家标准(2021年版)》采取的"1+10+×"分类设置模式,都强调核心课程的调整。但是目前存在的主要问题仍然是专业课程中重法轻治,法多治少。立法学、司法学、监察学及国家安全法学等还没有被列入,在实践环节弹性较大。关于法学硕士、博士及法律硕士的课程,目前高等学校法学类教育教学指导委员会还在讨论设置法学硕士、博士标准和法学博士的统一博士课程要求,具有重要意义。

和课程体系密切相关的还有教学内容和教材体系,要实现前述培养目标就要求必须有创新的教学内容。目前存在的重要问题是关于法治的理论尤其是中国特色社会主义法治理论体系内容的碎片化,没有专门且系统的课程来承担。相关课程中体现中国特色社会主义法治经验和法治中国建设要求的内容还不够明确和充分。在法学理论、宪法学等课程教学内容中,介绍西方的多，概括总结提升我国的法治建设新成就新观点新论断的内容不够。新科技革命引发的相关法治问题内容较少，典型案例深入分析不够。按照培养高素质法律人才要求所应具备的政治要素、职业伦理和专业素养的内容不够，专业课程思政属性不够等。整个教学内容体系与形成中国特色、中国风格、中国气度的法学理论体系目标还有不小距离，在发挥法学教育基础性、先导性作用，提高法治人才培养质量方面还有不小差距。

4."新法科"应当是以构建法治人才培养共同体为新机制的合作体系

长期以来，法学教育曾被认为单纯是政法院校的事情，法律实务部门参与较少。但随着对法学实践性规律认识的不断深入，包括西北政法大学等在内的政法高校都开始探索创新法治人才培养机制，开展与司法实践部门合作育人，选派青年教师挂职基层法院和检察院，选派司法实务专家到高校兼职教授，共同培养法律人才。2012年中央政法委、教育部联合实施"卓越法律人才教育培养计划"，正式成立了由公检法司等部门和高等学校负责同志组成的卓越法律人才教育培养计划指导委员会、专家委员会。在法学人才培养领域开启了教育部门和用人部门共同培养人才的新局面。实践证明，法学院校与政法机关合作育人、协同育人，对于提高法律人才培养质量具有非常重要的价值和意义。进入新时代，合作育人也应进入新时代。十八届四中全会通过了《中共中央关于全面推进依法治国若干重大问题的决定》，把立法工作者、法官、检察官等法治专门队伍，律师、基层法律服务工作者、人民调解员等法律服务队伍，法学院校教学研究人员队伍等三支队伍统一纳入"法治工作队伍"之中，为建设社会主义法治国家提供强有力的组织和人才保障，从而形成了法治工作队伍共同体的观念。

2017年5月3日，习近平总书记考察中国政法大学时明确指出，法学是实践性很强的专业。法治人才培养是一项系统性的社会化工程，需要凝聚社会各方的智慧和力量，他特别强调，要打破高校和社会之间的体制壁垒，将法律实务部门的优质实践教学资源引进高校，这对法治人才的培养具有很强的指导意义。习近平总书记提出的"法治人才培养共同体"这一重大论断，把法治人才培养的合作育人、协同育人进一步提升为全面育人、一体育人，为打通法学理论与法律实践的壁垒，形成德法兼修、明法笃行、理实并重的新时代高素质法治人才培养新机制提供了指导。

习近平总书记关于全面依法治国的新理念、新思想、新战略，其中就包括"坚持建设德才兼备的高素质法治工作队伍"。在"加强法治工作队伍建设和法治人才培养"的任务中，也明确提出"高校是法治人才培养的第一阵地"，要发挥好法学教育基础性、先导性作用，提高法治人才培养质量。教育部、中央政法委《关于坚持德法兼修实施卓越法治人才教育培养计划2.0的意见》中也提出"破除培养机制壁垒"的举措，这些都是建设"新法科"，构建法治人才培养共同体合作体系的理论依据和重要参考。

(二) 建设"新法科"的基本思路

习近平总书记在考察中国政法大学时对构建中国特色法学体系提出的解决问题的思路和要求，是建设"新法科"的根本依据与指导思想。与之对应，"新法科"建设应当涵盖法学学科领域内多个学科的交叉、融合、渗透或拓展，要应对新变化、新未来，适应当下及未来经济社会的迅猛发展需求，就必须适时构建适应法治中国建设需要的新的法学学科体系，从本土化、交叉化和国际化等维度入手。建设"新法科"的核心是法学学科体系、课程体系、合作体系、人才培养体系等方面的进一步完善和构建，包括学科设置、法科生生源、培养目标、教学内容、课程模式、师资队伍、人才培养模式等方面的更新。结合前述问题，建设"新法科"应着力从以下几个方面实施创新。

1. 探索更新，全面推动中国特色社会主义法治体系理论的学科化

中国特色在我国法学学科体系中应具有实质性的内涵，中国特色法学体系应当是高度体系化的法学学科体系。"新法科"的构建与完善，必须从过去以法律体系为研究对象的部门法学体系转型提升为以法治体系为研究对象的法治化学科体系。具体到法学学科的新设置方案上而言，针对法学一级学科的设置，初步可以分为理论法学学科+应用法学学科+新型交叉学科，或者分为理论法学学科+公法学科+私法学科+新型交叉学科，也可以分为理论法学学科+实体法学学科+程序法学学科+国际法学学科+新型交叉学科。总体上，法学学科体系一定要有开放性，这种开放性是与社会的发展和需要对应的，要充分考虑立法、政府行为、执法行为、司法判例、法律服务以及法律解释等因素的影响。

2. 守成转型，升级传统法学学科

现有的法学理论、法律史、宪法学与行政法学、民商法学、经济法学、军事法学、国际法学、刑法学、诉讼法学等传统学科，在法学教育发展过程中形成并积累了丰富的智识资源，且仍将为法治建设继续提供智识保障。但相对我国法治建设中产生的新问题、新需求，传统法学学科已经产生知识老化、体量庞大、方法陈旧等问题，需要针对现有的问题进行研究，推动传统法学学科的升级转型。

3. 知识融合，拓展法学交叉学科

交叉学科发展与研究是当今科技经济社会发展的客观要求，是法学知识体系、理论体系、学术体系创新发展的新的增长点。发展法学交叉学科即倡导自然科学、人文科学、社会科学等不同学科领域及法学学科内部知识结构、思维方式和研究范式的交叉融合，强调运用多元的视角和手段分析解决问题。

4. 创新引领，建设新专业、新课程、新教材

在新专业建设方面，探索新专业的交叉融合，比如在法商结合、法管结合、"法律+×"等方面作新的思考。在新课程建设方面，随着时代的变化，及时回应时代需要，更新课程与教学方法，健全完善法学学科课程体系，重点开设符合法治理论的基础法学、应用法学、实体和程序法学、部门法学等课程。在新教材建设方面，加快人工智能领域科技成果和资源等新领域向教育教学的转化，推动新教材和在线开放课程建设。在人才培养模式方面，需要加强人才培养力度，牢牢抓住提高人才培养能力这个核心点。法治人才的培养需要有更新的模式，通过校地合作、校企合作等更多模式，联手发挥各自优势，让学生学得更好，更有利于提高人才培养的质量，回应时代对"新法科"的要求，全面落实立德树人根本任务，推动人才培养、学科建设、科学研究相互融合，在新的形势下把"新法科"建设得更好。

具体到学校层面，"新法科"的建设还是需要从师资队伍建设、高水平科研成果和高层次人才培养三个方面展开，在此不论。

三、建设"新法学"是推动法学研究领域全面革新的现实需要

建设"新法学"与建设"新法科",两者的内涵有所交叉,但讨论的层次不太相同。"新法学"的内涵,最关键的内容仍然是"新",研究内容要出新、研究范式要更新,研究思维要革新、研究方法要创新。进一步研判法学的基本属性,探讨法学知识的来源,是构建中国特色社会主义法学知识体系、学术体系、话语体系的先导性、基础性问题。

(一)"新法学"的基本内涵

1. "新法学"应当是面向新的历史使命的法学知识体系

习近平总书记在十九大报告中明确提出,实现中华民族伟大复兴,是近代以来中华民族最伟大的梦想,也是新时代中国共产党的历史使命。十三届全国人大一次会议通过的宪法修正案,把全面建成富强民主文明和谐美丽的社会主义现代化强国、实现中华民族伟大复兴,确定为国家的奋斗目标。新时代的"新法学",必须从法治建设与实现中华民族伟大复兴的历史使命上去定位并确定发展方向,确立奋斗目标。如果说改革开放以来法学发展的社会历史任务是为实现"初级层次"的现代化目标——小康社会提供法学方案和策略,那么,"新法学"必然也必须以为实现中华民族伟大复兴提供法治保障和法学方案作为历史使命。从这个意义上讲,"新法学"是面向中华民族伟大复兴的新法学,是"奉法强国"的新法学,是实现"复兴正义"的新法学。

实现建设现代化强国和中华民族伟大复兴的历史使命,当前和今后一个时期的法治建设目标任务就是建设法治体系、法治中国。十八届四中全会根据新时代的社会发展要求明确提出

"坚持走中国特色社会主义法治道路,建设中国特色社会主义法治体系""建设法治中国"。"新法学"要以充分满足人民群众对于美好生活特别是美好法治生活的需求作为使命,要面向2035年基本实现现代化,为实现法治国家、法治政府、法治社会基本建成的目标任务提供理论支撑。

2. "新法学"应当是体现新的指导思想的新的法学学术体系

法学界有句谚语叫"有法律未必有法治"。因此,有法律有法学,但未必有法治、有法学学术体系。新时代的法学学术体系在研究对象体系上要有法有治,不应当重法轻治,法多治少,既要有法学知识体系也要有法治知识体系。在现有法学学术体系中,坚持以马克思主义法学为指导是正确的、不可动摇的。但是,在法学思想体系的来源上,对于西方法学及其新变化,以及在世界新秩序建构中出现的新特点仍缺少研究,对于中国传统优秀法律文化的吸收借鉴不足,对于习近平新时代中国特色社会主义法治建设的重大理论创新、制度创新、实践创新的总结概括不够。因此,建设"新法学",必须以马克思主义法学思想和中国特色社会主义法治理论为指导,特别是以马克思主义法学思想中国化的最新成果——习近平全面依法治国新理念、新思想、新战略为指导,以全面推进科学立法、严格执法、公正司法、全民守法为现实任务,坚持和发展中国特色社会主义法治对中国传统法律文化进行转化,借鉴吸收国外法学特别是西方法学理论,建立新时代中国特色、中国风格、中国气度的法学新理论体系。

3. "新法学"应当是回应"五位一体""四个全面"新布局的法学话语体系

"五位一体"总体布局和"四个全面"战略布局要求法学

研究者应当从联系和发展的哲学高度，处理好法治建设与经济建设、政治建设、社会建设、文化建设和生态文明建设之间的关系，协调好全面依法治国与全面深化改革、全面从严治党之间的关系。新时代的法学话语体系应当全面系统地反映和体现当前法学的本质特征及基本价值，也要全面体现习近平新时代中国特色社会主义的基本特征，借助政法法学、法教义学、社科法学等研究范式，立足中国实际，全面体现新时代中国特色。

（二）建设"新法学"的基本思路

1. 实现中国传统优秀法律文化成果服务国家治理体系和治理能力现代化

国家治理体系和治理能力现代化是近代以来中国法学的核心命题，中华法治文明优秀传统现代化对中国特色法学体系的构建与完善有巨大的推动作用。对传统优秀法律文化成果的挖掘和整理，对于国家治理体系和治理能力现代化具有重要意义。传统优秀法律文化在理论沿革上与现代国家治理具有天然的亲缘性，重视对本土法律资源的转化利用，发掘优秀的本土法律文化资源，对中华法律文化传统中最为优秀的内容进行创造性的转化和发展，对于建设"新法学"意义重大。

2. 加快推进马克思主义法学的中国化

中国特色社会主义法学理论是世界法学理论体系中独具一格的理论体系，其独特之处就在于以马克思主义法学思想为指导，坚持中国特色社会主义法治建设的方向，坚持走中国特色社会主义法学理论发展道路，是马克思主义法学理论在新的历史阶段进一步中国化的产物。因此有必要借助新的理论研究，把新中国成立以来，尤其是改革开放以来，我们党在建设法治国家领域形成的经验理论化、系统化、学理化，其中一个非常重要的内容，就是把习近平新时代中国特色社会主义思想中有关法治的论述，通过法学理论、法学学科话语体系总结出来，进一步推动马克思主义法学的中国化。

3. 持续推动法学理论研究的实践化

需要强调的是，理论是实践的先导，理论研究的最终目的还是服务法治建设实践的需要。建设"新法学"始终强调要立足中国法治建设实践，解决重大现实问题。随着经济发展和社会转型，各类新生事物和新的研究领域层出不穷，复杂的现实问题始终是法学理论研究的"源头活水"，法学界应当直面生动的法治实践和复杂的法律问题，通过更新研究内容、创新研究方式等，形成具有中国特色的优秀研究成果，不断开展接地气的研究，推动法学理论研究的实践化。

4. 以"构建人类命运共同体"为核心目标，推动国外优秀法学研究成果的融合化

中华法治文明优秀传统的现代化对"新法学"的构建与完善有巨大的推动作用。但当下的法学研究不能仅限于国内的问题，在世界范围内，需要法学界增强意识、开阔视野，以"构建人类命运共同体"作为核心目标，充分吸收人类法治文化的优秀成果，并将这些成果运用到构建人类命运共同体的国际法治实践中，促进本土与国外优秀法学研究成果的融合。

四、西北政法大学建设"新法科""新法学"的新探索

近年来，西北政法大学坚持以立德树人为根本、以学生发展为中心、以卓越目标为导向、以多学科交叉人才培养平台为依托，深入推进教育综合改革，建设"新法科""新法学"。

在"新法科"建设方面，为深入学习贯彻习近平总书记在哲学社会科学工作座谈会、考察中国政法大学时的重要讲话精

神和出席全国教育大会的重要讲话精神,完善协同育人机制,培育交叉学科和新兴学科增长点,加快法学国内一流学科、一流专业建设和卓越法治人才培养,助力高水平大学建设,经过精心论证、审慎研究,学校于2019年陆续成立了国家安全学院、纪检监察学院、军民融合发展研究院、人工智能与智慧法治研究院,新获批了陕西省(高校)哲学社会科学重点研究基地"地方政府法治建设研究中心"和陕西省哲学社会科学重点研究基地"西北地区社会稳定与国家安全法治研究中心"两个研究中心。致力于打造集人才培养、理论研究、学术交流、社会服务、智库功能于一体的教学研究单位,努力培育新的学科增长点、优化学科结构、推进学科交叉融合。

在"新法学"建设方面,学校通过开展深入调研、举办高端论坛、深入探讨等方式,推出了一批具有前沿性和影响力的研究成果,为打造中国特色法学学科体系、学术体系和话语体系提供了理论支持和智力支撑。如西北政法大学与诸暨市的合作研究已经持续进行了13年,在这一过程中形成了一系列的成果。其中"枫桥经验"课题组研究了新时代"升级版"的"枫桥经验",课题成果聚焦基层社会治理的措施和方法创新,总结"枫桥经验"的成效,立足于基层社会治理体系和能力的完善,总结出了可借鉴、可复制、可推广的经验。"枫桥经验"所呈现的案例、数据和机制、做法,为基层社会治理创新实践提供了鲜活的实践样本,为研究基层社会治理体系和治理能力现代化提供了重要素材与典型案例,具有十分重要的理论价值、现实意义和实践意义,有助于升华基层社会治理的"中国经验",较好地解决了地方性经验和普适性知识有机结合的问题。

综上所述,社会主要矛盾的新变化产生了新需求,新的指导思想产生了新理论,新的历史使命决定了新面向,新的发展任务决定了新学科体系，新领域产生了新知识。建设"新法科""新法学"就是法学教育和法学研究在实践中对于面向新时代新问题进行学术研究、理论创新的发展过程，也是一个不断探索、不断完善、不断发展的过程。建设"新法科""新法学"，回应新时代社会发展特别是法治发展的需求和期待，是中国法学教育、法学研究在当下面临的迫切而又根本的问题，理应得到认真对待。

目录

第一章　法系文明 | 001
第一节　法系概况 | 004
第二节　中华法系的形成与基本特征 | 007
第三节　中华法系对周边国家的影响及其转型 | 018

第二章　法典文明 | 025
第一节　立法思想 | 028
第二节　法律形式 | 033
第三节　重要法典 | 038

第三章　判例文明 | 055
第一节　判例的历史传统 | 057
第二节　援引判例说理 | 061
第三节　判例的价值取向 | 066

第四节　判例文化传统的价值　│ 069

第四章　律学文明　│ 073
第一节　秦汉律学　│ 075
第二节　魏晋律学　│ 083
第三节　唐宋律学　│ 092
第四节　明清律学　│ 094
第五节　陕派律学　│ 096

第五章　司法文明　│ 107
第一节　司法机关沿革　│ 109
第二节　诉讼审判制度　│ 119

第六章　监察文明　│ 141
第一节　中国古代监察制度的产生和发展　│ 144
第二节　中国古代监察机构的设置　│ 148
第三节　中国古代的监察立法　│ 168

第七章　吏治文明　│ 181
第一节　中国古代吏治丰富的理论思想　│ 184
第二节　依法治吏的法律渊源　│ 186
第三节　依法治吏的基本环节　│ 188
第四节　依法治吏传统的现代启示　│ 192

第八章　宪制文明　│ 199
第一节　清末君主立宪活动　│ 201
第二节　民国立宪活动　│ 207
第三节　新民主主义宪政活动　│ 215

第四节　中国近代宪政活动的历史意义　｜ 222

第九章　红色法治文明　｜ 227
第一节　红色文化概述　｜ 229
第二节　党领导法制的传统　｜ 231
第三节　"司法半权"体制　｜ 233
第四节　红色法治传统的传承与实践　｜ 236

后　记　｜ 240

第一章 法系文明

法系文明是法治文明中的一个重要内容，世界法律在发展过程中逐步形成了五大法系，这五大法系主要包括大陆法系、英美法系、阿拉伯法系、印度法系和中华法系。中华法系孕育于农业文明，经历了漫长的历程，伴随着历史的发展，不断发展和完善，对世界法治文明作出了积极的贡献，在世界五大法系中占据重要地位。中华法系在历史发展过程中，逐渐形成独特的风格和特色。

与其他法系相比，中华法系具有显著的特征，主要表现在以下几个方面：第一，司法与行政合二为一；第二，刑法高度发达，而民法相对滞后，法律体系以刑法为核心；第三，刑罚极端残酷，主要的目的是维护阶级统治的需要；第四，皇权至上，皇帝拥有最高的立法权、司法权、行政权；第五，天理、国法与人情相结合。中华法系在发展过程中形成的这些特色反映了古代中国以农业为核心的国情。

中华法系在世界五大法系中占据重要地位，在历史发展过程中，对后世中国法律产生了深刻影响，也对周边国家法律的发展产生了重大影响。正确认识和评价中华法系，汲取中华法系的营养成分，能够为我们今天的法治建设提供经验和借鉴。一个国家的法律在发展过程中离不开其他国家的影响，同时又总是要和其他国家的法律共同成长，相互沟通。正确认识和评价中华法系，还能够为世界法律的发展作出积极的贡献。

第一节 法系概况

一、法系概念

要了解世界法系的概况,必须首先清楚法系这个概念。什么是法系呢?《辞海》云:法系是资产阶级法学家所划分的各种法律的系统。[1]一般认为法系就是指一个法律的大家庭。任何一个法系都不可能只包括一个国家的法律,而是包括了很多国家的法律在内。当一个法律大家庭中的许多国家在某一个部门法律的形式和内容方面有诸多相似之处时,我们称之为一个法律体系。如大陆法系国家在民法制度方面有着非常相似的特点,而英美法系国家在司法制度方面有着显著的相似之处。我们在谈论法系的时候,一定要把它当作一个集合概念,而不是一个单独概念去理解。在理解法系的时候,一定要注意法系里面包含了法律形式和内容相似的许多国家。例如,以英国和美国为核心的英美法系就包含了许多的成员方,而以法国和德国为代表的大陆法系也包含了许多的成员方。因此我们在谈论中华法系的时候,也要注意中华法系同样包含了许多的成员方。我们往往认为中华法系是中国一国法律具备的基本特征,而忽略了中华法系也是一个法律大家庭,其中也有许多的成员方。

世界法律在发展过程中形成了许多的法律大家庭也就是法律体系,至于法律体系的特征表现在哪些方面,不同的学者有不同的观点。在五大法系中,大陆法系一般被认为和英美法系一样是活着的法系,也就是说,大陆法系和英美法系在今天的

---

[1] 辞海编辑委员会编:《辞海》(缩印本),上海辞书出版社1979年版,第905页。

世界法律体系中有着巨大的生命力,产生着巨大的影响。大陆法系和英美法系以自己的法律体系影响着世界各国的法律制度。印度法系和阿拉伯法系在19世纪以来只在世界个别地区生效,这两个法系一般被认为是已经趋于死亡或已经死亡。与大陆法系、英美法系相比,印度法系和阿拉伯法系对世界法律制度的影响已经微乎其微。而中华法系一般被认为伴随着清末的变法修律,已经转型,学术界通常认为中华法系伴随着历史条件的变化已经发生了转变。

二、两大法系:大陆法系和英美法系

世界五大法律体系中最为重要的是大陆法系和英美法系。大陆法系和英美法系在世界范围内影响巨大,而且拥有很多的成员方。

大陆法系是在罗马法的基础上发展起来的,罗马法是大陆法系的最早渊源,而罗马法中最重要的法律制度是民事法律制度,大陆法系在形成过程中受到了罗马法的巨大影响。因此,大陆法系一般也称为罗马法法系,又称为民法法系。大陆法系国家普遍借鉴和沿用了罗马法的结构体系和内容,在世界法律发展过程中,以法国和德国为核心的大陆法系国家沿用了罗马法的基本精神。大陆法系以其在民事法律制度方面的创建,为世界法律制度的发展作出了巨大贡献。应该说在世界范围内,很多国家都受到了大陆法系民事法律制度的影响。中国法律在发展过程中也受到了德国法的影响。大陆法系的结构体系和概念体系对后世法律,特别是对今天世界范围内其他国家的法律影响深远。

以美国和英国为核心的英美法系,一般被称为判例法法系。英美法系在发展过程中,较少受到罗马法的影响,主要以判例制度为核心在本国法律制度基础上发展起来。英美法系国家和大陆法系国家最重要的区别在于：英美法系国家司法制度高度发达，而大陆法系国家民事法律制度也即私法制度高度发展；英美法系国家以判例为核心，而大陆法系国家则以成文法律制度为核心；英美法系国家在成长过程中创立了法官造法的机制，而在大陆法系国家，一般认为法官是法律的忠实守卫者，通常没有创制法律的权力。英美法系和大陆法系在今天的发展过程中，互相借鉴，互相学习，有了趋同的趋势。一般认为英美法系国家以判例法为核心，同时也采用了一部分的成文法律，而大陆法系国家以成文法体系为核心，同时也借鉴了英美法系国家的判例制度，采用了部分的判例制度。但是，大陆法系和英美法系国家的区别仍是显而易见的，它们代表了世界范围内两种不同法律制度的发展情况。以司法制度为核心的英美法系和以私法制度为核心的大陆法系，对世界范围内法律体系的发展影响深远。

三、伊斯兰法系

阿拉伯法系又称为伊斯兰法系，是以伊斯兰国家为代表，以《古兰经》为基础创立的通行于阿拉伯半岛的法律体系。伊斯兰法系最重要的特点在于其宗教法性质。在伊斯兰法系国家，宗教是法律的重要渊源，而宗教中的《古兰经》又是法律至关重要的渊源。该法律体系创立于公元7世纪，伴随着伊斯兰教的创立和阿拉伯统一国家的形成而逐渐发展起来。公元8世纪中期，阿拉伯国家成为地跨欧、亚、非三洲的大帝国，这一法律体系的影响进一步扩大。公元10世纪，伊斯兰法系得到充分发展。17—18世纪，伴随着西方势力的入侵，伊斯兰法地区被基督教政权统治，教会法有替代伊斯兰法的趋势。第二次世界大战以后,传统的伊斯兰国家如约旦、叙利亚、伊拉克、也门等实施了法律制度的改革,在婚姻、家庭、继承领域,仍然保留自己的传统文化,而在刑法、诉讼法和民商法领域则借鉴了西方法律制度。因此,从整体上看,伊斯兰法系在第二次世界大战以来发生了深刻的变革,主要的表现就是对西方法律体系的移植。

四、印度法系

印度法系是以印度为代表,以种姓制度为基础创建的法律体系。公元前2世纪到公元2世纪期间,《摩奴法典》开始形成。公元4世纪到7世纪,印度社会逐渐由奴隶制转向封建制。公元6世纪以后,婆罗门教替代佛教。在缅甸,泰国,柬埔寨,老挝,越南,印度尼西亚的爪哇、巴厘、婆罗洲、苏门答腊岛等地的印度化王国以《摩奴法典》为蓝本创制了自己的法律体系。因此这些国家的法律都是以《摩奴法典》为依据产生的,它们都属于印度法系国家。印度法系国家坚持种姓制度,《摩奴法典》认为,梵天用口创造了婆罗门,用手创造了刹帝利,用腿创造了吠舍,用脚创造了首陀罗。种姓制度强调各种姓之间的不平等,是印度法系最重要的特色。正因为如此,直到今天在印度化国家仍然存在1800多个种姓和次种姓。印度法系还有一个非常重要的特点,就是刑罚制度残酷。今天除印度化国家,印度法系已经式微。

第二节 中华法系的形成与基本特征

一、中华法系的形成

中华法系何时形成?学术界存在不同观点。有一些学者认为中华法系在夏商时期已经形成，而有一些学者则认为中华法系形成于唐，伴随清末变法修律而转型。中华法系究竟形成于何时？我们可以通过法系的概念得到答案。就法系而言，法系是指法律的大家庭。那么中华法系作为一个法律的大家庭，其中一定有很多的成员方，否则无法称之为法系。也就是说只有当中华法系的影响扩展到其他国家，使其他国家的法律深受影响时，我们才能说中华法系正式形成。中国古代第一条丝绸之路，开辟于西汉武帝时期。伴随着汉武帝时期丝绸之路的开辟，中国打开了通往西域的大门，开始和西域国家有了法律制度和物质文化的交往。因此，我们认为中华法系的形成不早于汉代。有学者认为中华法系形成于夏商时期的观点是缺乏理论支撑的。我们只能说中华法系作为本土的法律制度，萌芽于夏商时期。应该说夏商时期已经开始孕育着中华法系的早期模式。但是中华法系的正式形成却是唐代。因为在古代中国，虽然汉朝开辟了第一条丝绸之路，打开了通往西域的大门，但是汉代法律还没有跨出国界，也没有对周边国家产生巨大影响。而到了唐代，伴随着国家的强盛，长安成为世界文化的中心，唐朝和周边国家的贸易文化交往日益频繁，中国固有的法律制度开始跨出国门，对周边国家产生深远的影响。周边国家特别是东南亚国家，在法律发展过程中借鉴了唐朝法律的立法经验，逐渐形成了以中华法系为核心的法律大家庭，所以我们说中华法系正式形成于唐代。

  唐代法律是中国古代封建法律的集大成者。唐代拥有高超的立法技术，其法典编纂技术在世界范围内具有重要影响。唐代法律对周边诸国主要是日本、朝鲜和越南的法律制度产生了影响，这种影响主要表现在法典的编纂体例和法律内容方面，这些国家在法律发展过程中从法典编纂体例到法律内容都和唐代法律有着相似之处。正因为这样，周边国家的法律才和唐代法律形成了一个法律大家庭，中华法系也宣告形成。

二、中华法系的基本特征

（一）皇权至上

皇权至上是中华法系的基本特征。皇权至上就是指古代皇帝拥有至高无上的权力，具体表现为皇帝拥有最高的行政权、立法权、司法权。

1. 皇帝拥有最高的行政权

中国古代社会，由于专制政权的影响，皇帝拥有最高的行政权力。所谓"尊尊君为首"[1]，"天无二日，民无二王"。[2] 皇帝拥有最高行政组织权、最高行政指挥权和最高行政决策权。

2. 立法领域：从有限皇权到皇权扩张

古代中国，由于专制王权的影响，皇帝在拥有最高行政权的同时拥有最高的立法权。皇帝是全国范围内最高的立法机构，有权力亲自制定或者命令群臣制定各种各样的法律规范。中国古代皇帝制定的各种各样的法律规范，名称各异。皇帝发布的诏令具有法律效力，一般称为"制"或者"诏"。"诏"在秦汉时期是皇帝拥有最高立法权的表现，这种法律规范在形式上具有自上而下的特征，是皇帝面向全国范围发布的行政性法律规范，而"制"则是指皇帝对下级机构上呈文书的批复。这种对上呈文书批复的法律规范也具有最高的法律效力。

这里需要注意的是，在中华法系发展过程中，法律的成长也有一个过程。很多学者认为中国古代皇权无限，皇帝拥有无

---

[1]《礼记正义·大传》。
[2]《孟子》卷九《万章章句上》。

限的立法权。我们认为，中国古代的皇权经历了从有限皇权到皇权扩张的历史进程。早期中国，皇帝的权力受到很大的制约。史料中有"不在律上者为令"[1]的记载，反映了当时人们对法律体系中律和令的认识。中国古代特别是秦汉时期，在其法律体系中，作为成文法主要标志的"律"具有最高的法律效力。皇帝的敕令也即"令"虽然也有很高的法律地位，但是其法律地位在"律"之下。秦汉之后，伴随着封建社会向后期转移，以及国内矛盾的激化，皇权有逐渐扩张的趋势。这种趋势在唐朝晚期开始出现端倪，主要表现为"格后敕"的出现。古代中国，特别是早期社会，皇帝的敕令要想上升为法律必须经过严格的编修程序。而唐朝"格后敕"是指皇帝的敕令未经编修即上升为法律。到了宋朝，"编敕"法律活动频繁，是宋朝立法活动的主要表现和重要特征。所谓"编敕"，就是指皇帝的敕令必须经过编修程序才能上升为法律，反映了古代中国有限皇权思想在两宋时期继续沿用。但是伴随着两宋时期社会环境的恶化和国内矛盾的加剧，皇权有扩张的趋势，主要表现为在北宋神宗皇帝以前律、敕并行，也就是说，代表法律体系主要内容的律和皇帝的敕令是并行不悖的关系。在北宋神宗皇帝以后的法律体系中，皇帝的立法权力扩张，皇帝的敕令超越了传统成文法律"律"的效力，出现了以敕破律的局面，这一局面的出现，反映了两宋时期有限皇权的观念开始受到了挑战。南宋时期，著名理学家朱熹对当时法律体系的运行情况进行了形象的描述，指出："今之断狱，只是敕，敕中无方用律。"[2]可以这样认为，北宋神宗时期以敕破律的做法，改变了古代中国有限皇权

---

[1]《汉书》卷八《宣帝纪》。
[2]《朱子语类》卷一百二十八《本朝二·法制》。

的传统思想,为皇权的扩张和皇权超越法律,开创了恶劣的先河。

3. 皇帝拥有最高的司法权

古代中国社会,皇帝在拥有最高的行政权力和立法权力的同时,还拥有最高的司法权力。作为国家最高的司法官员和司法机构,皇帝对案件的审理有着最终的裁判权力。这种裁判权力可以通过各种各样的敕令加以实现。皇帝可以通过独立运用司法裁判权修改传统法律的规定,甚至在法律外执行刑罚。两宋时期皇帝通过"御笔断罪"[1]即可修改传统法律的规定,"御笔断罪"反映了皇帝拥有最高的司法审判权。到了明朝洪武年间(1368—1398年),明太祖朱元璋将自己审理的案件亲自编修成各种各样的判例集,史称《明大诰》。《明大诰》的基本特征,就是法外酷刑。中国古代皇帝作为最高的行政长官,在司法领域也拥有最高的权力。皇帝拥有最高的司法审判权与中国的专制政权有着不可分割的联系。

(二) 以刑为主,民刑不分

中国古代,由于专制王权的存在,法律的主要目的是维护专制政权和国家的稳定,维护的是团体的利益,而不是个人的利益。因此,和古代罗马法律不同,中国古代法律体系是以刑法为核心的,民事法律则被刑法吸收。以刑法为核心的法律体系,夏、商、周时期已经形成。从法律名称的演进可以看出中国古代以刑法为核心的法律体系的一般情况。夏朝法律总称为禹刑,史料记载"夏有乱政,而作禹刑"。商朝法律总称为汤刑,史料记载"商有乱政,而作汤刑"。西周时期法律总称为九

---

[1] 《宋史》卷二百《刑法二》。

刑，史料记载"周有乱政，而作九刑"。[1]从上古三代法律规范的名称可以看出，"刑"是奴隶制时代法律规范的总称。中国奴隶制时代法律具有以刑法为核心的一般特征。后商鞅变法，"改法为律"，[2]实现了法律名称的变革。使"律"成为后世中国法律体系的载体，开创了古代中国律典时代的序幕。后世中国沿用了"律"这个法律名称，直到明清时代都没有改变。中国除两宋以外，刑事法律都是以"律"命名的。"律"的含义是什么呢？西晋年间的《泰始律》首次区分了律和令的界限。《泰始律》云："律以正罪名，令以存事制。"[3]《旧唐书》载："凡律，以正刑定罪。令，以设范立制。"[4]从《泰始律》和《旧唐书》对律和令的概念分析可以看出，律是指规定罪名体系和刑罚制度的法律，这种法律在今天的法律体系中是指刑法。而令作为设范立制的法律，在今天的法律体系中是指行政法规。可以看出，在中国古代的法律体系中，有两种非常重要的法律，一种是刑事法律，一种是行政法律。

在中华法系中，民法没有独立的生存空间。在历史发展的过程中，也没有专门制定民法典，一直到清末变法修律，才制定了中国最早的民法草案。在中华法系发展过程中，民事法律和刑事法律融合在一起，就整个法典性质而言，突出地显示了法典的刑法化。不同国家不同法系有不同的价值取向，大陆法系国家受罗马法传统法律制度的影响，民事法律高度发达。中华法系则以刑事法律的高度发达为主要特征。古代罗马社会私法高度发达，也即民事法律制度高度发达，刑事法律制度则相

---

[1]《春秋左传注疏》卷四十三《昭公六年》。
[2]《唐律疏议》卷一《名例》。
[3]《太平御览》卷六百三十八《刑法部四·律令》引杜预《律序》。
[4]《旧唐书》卷四十三《职官二》。

对滞后。主要的原因在于，西方以古罗马法为核心的法律体系注重保护市民的权利，体现了个人本位的基本主张。以中华法系为核心的东方社会则侧重于保护国家和社会的利益，忽略对个人利益的保护，体现了团体本位的基本精神和主张。

（三）刑罚极端残酷

中华法系在发展过程中，侧重于对国家和社会利益的保护，特别是对皇权的维护。为了维护正常的社会秩序，为了维护皇权，维护统治阶级的长治久安，中华法系在发展过程中，不仅刑法高度发达，刑罚也极端残酷。中国古代，在奴隶制社会刑罚体系中，形成了以奴隶制五刑（墨、劓、刖、宫、大辟）为核心的肉刑中心刑刑罚体系。在奴隶制五刑体系中，有四种刑罚属于肉刑，这四种刑罚都具有残损肢体的特征。由此可以看出中华法系早期刑罚制度的残酷性。奴隶制时代，除以五刑为核心的法定刑外，还有大量的法外刑存在，商朝为甚。比较常见的法外刑有炮烙刑、焚刑、剖心刑，还有非常残酷的醢刑，以及脯刑，等等。历史上有"醢九侯……脯鄂侯"[1]的记载。秦朝在法家思想影响下，刑罚也是极端残酷。韩非子强调"以刑止刑，以杀止杀"。在法家代表人物看来，刑罚的残酷性具有它的特殊功能，按照韩非子的说法，适用刑罚的目的是不再适用刑罚，适用死刑的目的是不再适用死刑。法家代表人物特别强调刑罚的打击功能。著名的法家代表人物商鞅认为，"禁奸止过，莫若重刑"。在商鞅看来，打击犯罪最好的手段就是用残酷的刑罚，残酷刑罚的适用能够达到制止犯罪的目的。在法家思想影响下，秦朝的刑罚制度格外残酷。史料记载，秦朝大规模地适用刑罚，以至于大量的人因为很小的犯罪行为就被判处了

---

[1]《史记》卷三《殷本纪》。

刑罚。由于被判处刑罚的人过多，所以在秦朝出现了"赭衣塞路，囹圄成市"[1]的现象。就是说，道路上充满了穿着红色囚服的囚犯，到处都是关押囚徒的囹圄。由此可以看出，在秦朝社会受刑罚处罚的人群之众。

伴随着封建制五刑的确立，中国古代刑罚制度有宽缓的趋势。以笞、杖、徒、流、死为核心的封建五刑制度，使中国古代刑罚进入以徒刑或者劳役刑为中心刑的时代。封建制五刑和奴隶制五刑最大的区别在于，奴隶制五刑是以肉刑为核心的，被称为肉刑中心刑时代最重要的刑罚。封建制五刑是以劳役刑或者徒刑为核心的刑罚体系。从总体上看，封建制五刑的残酷程度低于奴隶制五刑。封建制五刑的确立是中国古代刑制从野蛮向文明迈进的标志。应该说确立于隋朝《开皇律》中的封建制五刑，拉开了中国古代徒刑中心刑时代的序幕，在中国法制发展史上具有十分重要的历史意义。中国古代刑制在唐朝发展到了鼎盛时期，唐朝是中国封建社会的鼎盛时期，其刑罚制度在中国历史上最为宽缓。两宋以后，中国开始向封建社会后期过渡，刑罚逐渐残酷化，凌迟刑的确立是中国古代刑罚残酷化的主要标志。一般认为，凌迟刑是中国古代最为残酷的生命刑。与今天的刑罚理念不同，凌迟刑是使受刑者"死之徐而不速也"，就是说让受刑者慢慢地死去，而不是很快地死去，有让受刑者饱受痛苦而死的目的。凌迟刑起自五代，法定于辽、金，广泛适用于两宋以后的司法实践中。凌迟刑的广泛适用对后世中国的刑罚制度产生了恶劣影响。

（四）天理、国法与人情相结合

中华法系在发展过程中，与西方形成了不同的法制理念。

---

[1]《汉书》卷二十三《刑法志》。

西方国家强调法律至上。中国古代法律强调依照天理、国法与人情相结合的方式来调整社会关系。

1. 天理

天理，一般认为是指上天运行的原理，用今天的话来讲就是指自然规律。南宋时期著名理学家朱熹曾经指出"天理存，则人欲亡"，就用了天理这样的概念。用今天的话来讲，就是指为了维护国家的纲常伦理和自然运行的规律，必须消灭人的种种欲望。

天理在古代中国有两方面的含义。一方面是指按照自然规律行事。按照自然规律行事在中国古代主要表现为择天行赏与择天行罚。古人云："赏以春夏，刑以秋冬。"[1]天理在古代中国，首先表现为择天行罚，主要是指按照自然规律，实施刑罚和执行死刑。古人认为，死刑的执行，应依照自然规律进行。春天是万物生长的季节，不适合死刑的执行，也就是不适合刑杀。而到了秋天，万物凋零，天地间一片萧瑟。所以，死刑应当在秋冬季节执行，以便顺应自然界的规律，因此形成了中国古代的秋冬行刑制度。中国古代的秋冬行刑制度形成于西周时期，为后世中国死刑执行制度奠定了基础。到了汉代，著名的儒生董仲舒在西周秋冬行刑的基础上，结合阴阳五行学说，将五行学说与季节相结合，使西周时期的秋冬行刑理论上升到了新的理论高度。

古代中国通常将自然界的灾异现象与司法实践相结合。中国古人认为，灾异的发生是自然界的震怒导致的。因此在灾异发生时，统治者通常会采取一些特别的司法行为，主要的表现就是大赦天下囚徒。古籍中记载的大赦行为，多是由灾异行为

---

[1]《左传·襄公二十六年》。

导致。统治者认为，因为统治行为的失当，才导致自然灾害的发生，刑罚过于残酷也是其中的原因之一。为了纠正自己失当的统治行为，在自然灾害发生时，通常要大赦天下囚徒。

2. 国法

在中国古代社会治理过程中，法律发挥着重要作用。正因为如此，各朝各代都非常注重法典的制定，中国古代的法典早在夏朝就已经开始制定。禹刑是夏朝法律的总称，汤刑是商朝法律的总称，九刑是西周法律的总称。秦朝《秦律》十八篇，汉朝《汉律》六十篇，隋朝《开皇律》，唐朝《武德律》《贞观律》《永徽律》《开元律》等，宋朝《宋刑统》，明朝《大明律》，清朝《大清律例》，都是中国古代成文法的集中代表。中国古代成文法体系中，除律之外，还有其他多种法律形式。秦汉时期，除律之外，尚有廷行事、决事比等多种法律形式。到了隋唐时期，逐渐形成律、令、格、式的法律体系，两宋时期形成了敕、令、格、式的法律体系。明清时代，法律体系朝着多元化的方向发展。

3. 人情

中华法系在发展过程中，不仅仅考虑天理和国法的因素，还努力将天理、国法与人情相结合，具有和西方国家法律至上主义不同的东方社会浓烈的人情主义色彩。人情因素在中华法系形成和发展过程中影响深远，主要表现为以下几个方面。表现在司法领域，就是司法官员自由裁量权的实现。中国古代的法律，具有两种形式，一种是文本法，即国家制定的法律。另外一种是"活"的法律，也就是在司法实践中适用的法律。中国古代文本法和"活"的法律，也即国家制定的法律和司法实践中适用的法律具有一定的差距。主要原因就在于人情因素在司法实践中的具体实现。人情因素表现为司法官员超越法律的规定，从轻或者从重判决。"所欲活则傅（附）生议，所欲陷则予死比。"[1]在司法实践中，存在随意适用法外死刑的情况。比如西汉美阳县令王尊将不孝子处以磔刑，而后射杀即属于这种情形。在汉代，磔刑作为一种死刑执行方式，在汉景帝中元二年（公元前148年）已经废除，"改磔曰弃市"。[2]而到了王尊生活的年代仍然适用磔刑，说明司法官员有在法律规定外适用死刑的情况。

司法官员除能够在法律规定外适用自由裁量权以外，人情因素还有多方面的表现，例如存留养亲制度。存留养亲从字面意思来理解，就是指留存下来不杀的意思。这种制度规定，一旦家中的独生子被判处死刑，为保证其父母双亲有人奉养，对于被判处死刑的独生子不再执行死刑，而是由笞杖刑替代死刑，将被判处死刑的独生子放回家中，让其为父母养老送终。存留养亲制度打破了法律关于死刑的规定，体现了法律规定与人情的有机结合。

传统儒家强调法律的执行与人情因素相结合，使中国古代法律在执行过程中充满温情。中国传统法律在与人情结合的过程中，还侧重于考虑家庭中父母子女的亲情关系。为了维护亲亲为大也即"亲亲父为首"的儒家传统伦理，古代法律规定家庭成员犯罪，其他成员可替代家庭犯罪成员执行已判刑罚，这种情况在中国古代被称为代刑。父母子女之间替代刑罚的执行，不仅得到了法律的许可，而且还得到了人们的普遍认可。除父母子女之间相互替代死刑的执行之外，其他刑罚也可以相互替代。另外，古代中国为了维护家庭成员之间的亲情关系，

---

[1]《汉书》卷二十三《刑法志》。
[2]《汉书》卷五《景帝纪》。

维护父子至亲的原则，当复仇行为发生时，对家庭成员遭受他人侵犯，其他家庭成员对侵犯者进行复仇而将其伤害或者杀死的行为充满同情。孔子指出，当父亲受到他人侵犯的时候，儿子为父亲复仇是理所应当的事情。同时为了维护父子至亲的基本准则，当家庭成员犯罪时，其至亲有为其隐瞒罪行的义务，即所谓亲亲相隐原则。中国古代的亲亲相隐原则在汉代表现为"亲亲得相首匿"。传统儒家认为当犯罪行为发生时，"父为子隐，子为父隐，直在其中"。汉代法律规定："今子首匿父母，妻匿夫，孙匿大父母，皆勿坐。其父母匿子，夫匿妻，大父母匿孙，罪殊死，皆上请廷尉以闻。"〔1〕唐代法律规定的亲亲相隐原则进一步扩大了父母子女之间相互隐瞒罪行的范围。到了唐代，法律规定，父母子女之间相互隐瞒罪行不但是一种权利，而且是一种义务，也就是说相互之间必须隐瞒罪行。

第三节　中华法系对周边国家的影响及其转型

一、中华法系对周边国家的影响

中华法系在形成和发展的过程中，对周边国家的法律制度产生了重要的影响。东南亚许多国家在法律制定的过程中都借鉴了唐代法律的法典编纂体例和基本内容。正因为如此，东亚、东南亚国家和中国一同形成了中华法系。唐代法律主要是对朝鲜、日本法律的制定产生了重要的影响，现分而述之。

---

〔1〕《汉书》卷九《宣帝纪》。

(一) 中华法系对朝鲜立法活动之影响

中华法系对朝鲜国家法律的制定产生了重大影响。朝鲜在高丽王朝时期制定的法律，多沿用了唐代法律的基本规定。根据《高丽史·刑法志》记载："高丽刑法所尊用者，李唐焉。""高丽一代之制，大抵皆仿乎唐，至于刑法亦采《唐律》，参酌时宜而用之。曰《狱官令》二条、《名例》十二条、《卫禁》四条、《职制》十四条、《户婚》四条、《厩库》三条、《擅兴》三条、《盗贼》六条、《斗讼》七条、《诈伪》二条、《杂律》二条、《捕亡》八条、《断狱》四条，总七十一条，删繁取简，行之一时。亦不可谓无据。"[1]从《高丽史·刑法志》的记载可以看出，朝鲜在高丽王朝时期制定的刑法主要参考了唐代法律的基本规定，其中有71条来自唐代法律中的十二篇。可以看出唐代法律对朝鲜高丽王朝时期重要法律制度制定的过程产生了重要影响，使朝鲜成为中华法系的成员方。

朝鲜高丽王朝时期司法机关的设置也与唐朝的司法机关非常相似。高丽王朝在中央将司法审判机关称为典狱署，典狱署是其最高的司法审判机构，相当于唐朝的大理寺。高丽王朝中央最高司法行政机关是刑曹，相当于唐朝的刑部。高丽王朝中央最高监察机关是司宪府，相当于唐朝的御史台。高丽王朝地方行政机构分为州、府组织，司法审判机关在州这个级别称为知州，和宋朝地方司法审判机关的称呼是一致的。

(二) 中华法系对日本立法活动之影响

中华法系对日本的立法活动也产生了重大的影响。中华法

---

[1] 杨鸿烈：《中国法律在东亚诸国之影响》，中国政法大学出版社1999年版，第34页。

系中唐代法律制度首先对日本的刑事立法活动产生重大的影响。根据《日本国志·刑法志》的记载，日本在孝德天皇统治时期（645—654年），在刑事法律制定过程中借鉴了唐代法律的篇章结构，在这一阶段制定的大化律令，按照唐代法律的篇章结构把刑法划分为十二篇，"一曰《名例》、二曰《卫禁》、三曰《职制》、四曰《户婚》、五曰《厩库》、六曰《擅兴》、七曰《盗贼》、八曰《斗讼》、九曰《诈伪》、十曰《杂律》、十一曰《捕亡》、十二曰《断狱》。亦用五刑，别有八虐，六议等条"。[1]从《日本国志·刑法志》的记载可以看出，日本在刑事立法过程中借鉴了唐律的篇章结构，采用了十二篇的体例，十二篇的名称和唐律是一致的，还借鉴了唐律中的刑事立法原则五刑。日本刑事立法中的八虐原则，相当于中国古代的十恶原则，六议制度相当于中国古代的八议制度。这种体例被日本后世刑事立法所借鉴。日本文武天皇统治时代（697—707年）编订的《大宝律令》是日本成文法的集中代表。《大宝律令》就沿袭了孝德天皇年间（645—654年）《大化律令》的基本体系。《大宝律令》模仿借鉴唐朝法律，规定了笞、杖、徒、流、死封建制五刑制度，另外还规定了官当原则、免所居官、免官、除名等基本原则。由此可见，在日本成文法的发展过程中，律的结构和内容主要来自唐朝法律。

日本在成文法的发展过程中，模仿中国古代法律形成了律、令、格、式体系。日本在天智天皇年间（668—672年）大化革新过程中，制定了重要的《近江令》。《近江令》的篇目和篇章结构大致沿用了唐代《贞观令》，主要有《官位令》《职员令》

---

[1] 杨鸿烈：《中国法律在东亚诸国之影响》，中国政法大学出版社1999年版，第178页。

《户令》《田令》《赋役令》《选叙令》《考仕令》《军防令》《厩牧令》等。

二、中华法系的转型

中华法系有一个形成、发展到转型的过程，总体上来看中华法系孕育于夏商时期，确立于唐朝，转型于清末变法修律。

1840年鸦片战争以后，中国开始进入半殖民地半封建社会时期。西方国家用鸦片打开了中国的大门，使中国以农业经济为核心的小农经济解体，以自由交易为核心的商品经济开始萌芽。应该说清末的中国社会经济基础和上层建筑发生了巨大变化。从经济基础角度看，主要的变化就是小农经济的解体和商品经济的确立。而经济基础的重大变化，加速了中国社会向半殖民地半封建社会全面转移。同时，中国的主权遭到了西方国家的野蛮侵犯，中国沦为半殖民地半封建社会。所谓半殖民地，就是西方国家已经侵犯了我国的主权，但是中国的主权还没有完全沦丧。所谓半封建社会，就是中国社会的小农经济虽然已经解体，但是还没有完全崩溃。中国社会经济基础的巨大变化，迫使上层建筑中的法律体系在1910年前后开始出现了巨大的变化，主要表现在以下几个方面：

首先，出现了宪政立法。中国历史上由于专制政权，一直没有产生专门的宪法。清朝末年伴随变法修律活动的进行，在中国历史上首次出现了宪政立法。1908年的《钦定宪法大纲》是中国历史上最早的宪法性文件。《钦定宪法大纲》虽然有种种缺陷，但是拉开了中国历史上宪政立法的序幕，为后世宪法的制定奠定了基础，在中国法律发展史上具有十分重大的历史意义。

其次，改变了以刑法为核心的中国传统法律体制，开创了民事法律和刑事法律分立的民刑分立体制。1911年的《大清民律草案》是中国历史上第一部民法草案。《大清民律草案》的制定，标志着中国法律体系中民事法律和刑事法律分立体制的确立，使民法走上一条独立发展的道路，在中国法律发展史上具有重大的历史意义。

最后，开创了实体法和程序法分立的法律体系，改变了传统中国实体法与程序法合一的法典编纂模式，在中国法律发展史上具有重大的历史意义。1906年的《大清刑事民事诉讼法草案》是中国最早的独立诉讼法草案。《大清刑事民事诉讼法草案》的制定在中国法律发展史上具有十分重大的历史意义，实现了实体法和程序法的分立。

清末变法修律，使行政法律走上了一条独立发展的道路。值得注意的是，清末在行政立法过程中没有制定独立的行政法典，而是制定了多种单行行政法律规范。这些单行行政法律规范的制定标志着中国行政立法走上了独立发展的道路。

清末变法修律改变了旧有的司法体制，将法官独立、律师制度、陪审制度等现代西方国家的司法制度引入中国，推动了中国司法体制的全面改革。1910年的《法院编制法》规定了审判机构、检察机构、一审程序、二审程序和再审程序，规定了地域管辖和级别管辖。应当说，《法院编制法》的制定，改变了传统中国司法与行政合一的体制，改变了中国传统法律中秘密审判、公开执行的做法，确立了公开审判、秘密执行的新体制。

总之，伴随着清末变法修律活动的进行，中国传统法律发生了历史性转型。中华法系的形成、发展与转型，反映了中国本土法律发展的一般情况。中华法系对周边国家产生了积极的影响，对世界法律发展作出了积极贡献。中华法系作为中国传统法律的集中代表，对我国今天法律制度的发展也有积极的借鉴价值。我们今天仍然有研究中华法系的必要性。正如朱勇老师所言："中华法系的开放性、包容性，也使得自身在历史发展过程中，从具体的制度、措施方面，吸收借鉴具有不同背景条件、不同文化特征的法律资源，进而不断注入新的发展活力。"

第二章

法典文明

法典文明是人类社会文明中的一项重要构成因素。中国是世界四大文明古国之一，法制发展历程源远流长。大约在公元前21世纪，夏朝建立，出现了国家形态，"禹刑"便是当时调整社会关系的法律规范。商朝时期，"汤刑"作为当时的法律规范发挥了重要的作用。至西周建立，法制的发展进入一个新的阶段，逐渐摆脱神权色彩。西周统治者在"明德慎罚、以德配天"法制思想的指导下制定"吕刑"，用以维护其统治和社会安定。无论是"禹刑""汤刑"还是"吕刑"，不同时期法律名称有所不同，但究其性质却都可以说是刑。而刑的含义，在当时与现在是不同的。"刑始于兵"之说，表明中国古代的刑或者以刑为基本内容的法律最初起源于战争或者军事行动的某些需要，兼有军事镇压之军法和刑事制裁性质之刑法等双重含义，中国最初的法官、狱官之类的司法人员，也兼掌军事指挥和司法裁判两种职能。到了春秋战国时期，社会发生重大变革，诸侯割据，礼崩乐坏。这一时期公布成文法的活动是中国法律史上一次划时代的变革，标志着奴隶制法律体系的瓦解，封建制法律体系逐步形成。法律从秘密走向公开，打破了"刑不可知，则威不可测"的信条，是社会发展进入新时代的重要标志。魏国大臣李悝总结各国立法的经验和教训，制定《法经》，初步确立了法的客观性，使单纯强调刑罚杀戮的刑开始向具有规则性质的法过渡，对后世立法产生了深远的影响。战国以后，"法"字的使用频率很高，相关的讨论也不断深入，而且产生了名为"法家"的思想派别。据史载，商鞅以《法经》蓝本，改法为律，制定秦律。律在中国古代不仅仅是法律的泛称，更多情况下指的是众多法律形式的一种。秦代已经出现了各种不同的法律形式，这些形式在渊源、适用和效力上都有所不同，有必要进行统一的编排，商鞅改法为律所做的就是这样一种尝试，使法律规范在适用上更具有普遍性和统一性。商鞅开风气之先，此后的古代法，经秦汉大一统帝国的稳步发展，魏晋南北朝时期的取舍、融通，终于在隋唐达到其光辉的顶峰。历朝历代帝王都将制定法典作为其统治的第一要务，建立起以成文法为核心的法律体系，这对于封建王朝的延续具有深远的影响。法典是我们了解古代法律制度最权威的典籍，其所包含的法律思想、法律形式都在一定程度上反映了这个时代经济、政治、文化的特性，它是法律制度以至整个人类制度的一块瑰宝，我们需要不断地认识它和挖掘它。

第一节 立法思想

一、"以德配天"思想

立法思想是历朝历代制定法律制度的思想基础，其深刻地影响着中国古代法律的产生、演进和发展。在奴隶制时代，人们对客观世界以及人类自身的认识受制于神秘主义，人们对自身的认识，对客观世界变迁与发展的认识，其依据都是来自天的指示，上天或者神主宰着世界的一切秩序和人们的活动。夏朝统治者把自己的统治说成是"服天命"，把他们对奴隶和平民的镇压和刑罚说成是"恭行天之罚"。[1]"天命""天罚"的神权法思想对当时社会影响深远。周朝继承了夏朝的神权法思想，又有所创新。西周统治者主张"明德慎罚、以德配天"，具体要

---

〔1〕《尚书正义》卷七《甘誓》。

求可以归纳为"实施德教,用刑宽缓"。如主张区分故意与过失、区分惯犯(惟终)与偶犯(非终)、反对株连、刑罚惟中。要求统治者首先要用"德教"的办法来治理国家,把道德教化与刑罚镇压结合起来,形成了西周时期"礼""刑"结合的法制特色。在"明德慎罚"思想指导下,又提出"刑罚世轻世重"[1]、"刑兹无赦"[2]等刑事政策。西周法律思想反映了西周统治者立法思想的成熟与丰富,有利于政权和社会的稳定发展。

二、法家思想

春秋时期"礼崩乐坏","礼治"系统不再具有约束力。新兴阶级为打破奴隶主贵族对于司法的垄断与专横,主张实行法治。各国相继公布成文法。战国时期是新兴地主阶级占据社会主导地位的时代,李悝、商鞅、韩非子等法家人物的法律思想先后成为这一时期法制发展的主要指导思想。"不别亲疏,不殊贵贱,一断于法"[3]将法律作为治理国家的基本手段,具体要求统治者要"以法为本",国家应制定法律作为全社会的基本准则。"缘法而治"[4]要求以统一的法律来规范社会生活的各个方面,作为普遍的行为标准。国家应依所定之法处理各种事务,应通过法律来实施社会管理,反对"因人而治",将国家管理纳入法治轨道。法家还主张"一断于法",以法律作为统一的取舍标准,要求全社会都在法律范围内活动,取消旧贵族在法律上享有的种种特权。与宗法制时代"礼有等差"不同,法家主张"法不阿贵,绳不挠曲",反对因人异制,主张制定并执行相对平

---

[1]《尚书正义》卷十九《吕刑》。
[2]《尚书正义》卷十四《康诰》。
[3]《史记》卷一百三十《太史公自序》。
[4]《史记》卷六十八《商君列传》。

等、公正的法律,"自卿相将军以至大夫庶人,有不从王令、犯国禁、乱上制者,罪死不赦,有功于前,有败于后,不为损刑。有善于前,有过于后,不为亏法。忠臣孝子有过,必以其数断"。[1]同时法家还主张轻罪重刑,用严刑重罚的手段来达到以法治国的目的;"重刑,连其罪,则民不敢试,民不敢试,故无刑也……禁奸止过,莫若重刑"[2]主张重刑轻罪、以刑去刑;继承春秋时期公布成文法的历史经验,适应"按法而治""垂法而治"的现实要求,主张法律公开,"法者,编著之图籍,设之于官府,而布之于百姓者也"。[3]

秦灭六国,结束了春秋战国长达数百年分裂割据的局面,作为我国第一个大一统的封建王朝,秦依然采用了法家的思想主张,提出"缘法而治",强调以法律作为判断是非曲直、决定行止对错、赏罚适用的唯一标准;依据封建法律治理国家与社会,反对奴隶制时代的礼治原则。主张"法令由一统",强调"法令出一","事皆决于上","海内为郡县,法令由一统",国家实行统一的法令,维护君主的最高立法权。秦朝奉行韩非子的"以法为本,法、术、势相结合"的理论,将法家思想推向极端,主张严刑重法,推行"专任刑罚、躬操文墨"的政策,使"法令诛罚,日益刻深",通过"深督轻罪"使"民不敢犯",达到巩固专制统治的目的。

三、封建正统法律思想

汉朝初年,吸取秦朝灭亡的教训,刘邦至文景时期以黄老

---

[1]《商君书》卷四《赏刑》。
[2]《商君书》卷四《赏刑》。
[3]《韩非子》卷十六《难三》。

思想为指导，主张"无为而治"，反映在立法上表现为"与民休息"（轻徭薄赋）与"约法省刑"，这有利于恢复生产，发展经济。到了汉武帝时期，董仲舒提出"罢黜百家，独尊儒术"的主张后，以儒家思想为指导，主张"德主刑辅"，实行"礼法并用""德阳刑阴"，反映在立法上表现为封建正统法律思想的产生，儒家思想开始逐渐渗透到法律领域。

三国魏晋南北朝时期法制上承秦汉，下启隋唐，在法典体例、概念术语、刑法原则、刑罚制度等方面颇有建树。这也直接影响了隋唐的立法思想和法律制度。唐朝是中国历史上政治、经济、文化都高度发展的朝代，其法律文明也在世界上独树一帜，唐朝立法的核心指导思想是"德本刑用"，形成了以礼为内容，以法为形式，融礼、法为一体，相互为用的思想。长孙无忌《唐律疏议》载，"德礼为政教之本，刑罚为政教之用，犹昏晓阳秋相须而成者也"，是为唐律指导思想的直接表述。同时唐朝在立法方面更加注重宽简、稳定、划一。"宽"是指立法内容做到轻刑省罚；"简"主要指立法形式做到条文简明，强调保持法律的稳定与划一。

四、宋代理学思想

宋王朝统治时期社会关系发生了重大变化，部曲转化为佃农，摆脱了地主的私属地位，跻身为国家编户。宋朝统治者为适应这一变化，总结唐末五代"君弱臣强"导致变乱的教训，确立了中央集权的基本国策，加强对社会的全面统治和控制。宋代统治者针对国内阶级矛盾激化，农民起义不断，确立了重惩"贼盗"的法制指导思想，主张采用重法，使用重刑严厉镇压"贼盗"犯罪。同时宋王朝为了巩固自己的统治地位，必须找寻一种新的思想统治形式。当时的思想家经过反复探讨和研究，总结出一个以儒家思想为核心，糅合佛、道思想的新的哲学体系，产生了重要的哲学流派——理学，这是中国古代最为完备的理论体系。理学的天理是道德神学，在认识事物方面既宣传"格物致知"，又突出强调内省的作用，以实现儒家推崇的理想人格。同时为儒家神权和王权提供了合法性依据，达到了统治者所提倡的儒学修身、佛学治心的要求，论证了封建纲常名教的合理性和永恒性，至南宋末期被采纳为官方哲学。

五、"明刑弼教"思想

受西周"刑罚世轻世重"思想影响，明初统治者认为元末法令废弛，朱元璋在施用"礼法结合，明刑弼教"的基础上，更加重视"明刑"和"重典"的震慑作用。宋代理学家朱熹认为德、礼、政、刑在本质上是一致的，政刑与德礼都是"天理"的产物，都是统治者进行统治的工具，因此没有先后之分，而且在特定情况下，"刑罚立而后教化行"，这就为统治者推行重典政策提供了理论依据。明代重典治乱世思想分为"重典治吏"和"重典治民"两个方面，以"重典治吏"为主。"明刑弼教"一词最早见于《尚书·大禹谟》中"明于五刑，以弼五教"之语，后人简称为"明刑弼教"，即以律令晓谕民众，使其知法、畏法、守法，以辅助教化之所不及。"明刑弼教"思想，则完全是借"弼教"之口实，为推行重典治国政策提供思想理论依据。"明刑弼教"思想与明代重视法律宣传有直接关联。

六、"中体西用"思想

1840年鸦片战争以后，中国的社会性质逐渐发生变化，中国法制进入近代转型时期。清朝统治者在内外各种压力之下，于20世纪初的10年间，逐渐对原有法律制度进行了不同程度上的修改与变革。这一时期,产生了著名的"中学为体,西学为用"思想,其主张"折中世界各国大同之良规,兼采近世最新之学说",且"务期中外通行",即"参酌各国法律,务期中外通行,有裨治理"。这一思想通过修律大臣沈家本等人的论证和实践,得到具体的贯彻。同时还强调"本礼教","重纲常","不戾乎中国数千年相传之礼教民情",旨在维护封建等级秩序和纲常名教。

第二节 法律形式

中国古代法律形式在结构上自秦朝以来就是由多层次的、相互间有一定关联的不同种类的法律构成。不同层次的法律在稳定性、效力及司法适用上各不相同,相互间构成了一个有机整体。夏、商、西周处于奴隶制社会,法律形式主要以习惯法为主,其主要内容为誓、诰、命、礼等。誓一般指的是带有军令性质的誓词,诰是周王对下级的训话,命是周王就具体事务向行政机关发布的命令,礼是一个综合性的概念,包括多种规范内容,除此之外还有先王的遗训。

一、律令体系

秦汉时期,中国古代法制进入"律令时代"。与后世相比,秦朝法律形式较为庞杂,主要有律、令、制诏、法律答问、封诊式、廷行事、课、程等。律是国家大法,是秦朝法律的主体,带有普遍性、稳定性与刑事性的特点,如《仓律》《金布律》等。令是皇帝临时发布的命令,具有最高法律效力,具体又有命、令、制、诏,如《田令》等。法律答问是以问答形式对法律条文、术语、律义作出的具有法律效力的解释,类似于后世的"律疏"。封诊式是司法机关审案原则、治狱程式、调查勘验等方面的法律规定,也包括具体案例。廷行事一般指的是成例、判例。汉代法律形式较为规范,包括律、令、科、比。律是国家最基本的法律形式,包括以刑事法律规范为主的具有普遍性和稳定性的成文法典,以及《左官律》《酎金律》《上计律》《田租税律》等单行法律。皇帝发布的诏令,法律效力最高,如《田令》《缗钱令》等。科也称事条、科条,是律以外规定犯罪与刑罚的一种单行禁条。比是在律无正条规定时,比照最接近的律令条文,或同类典型判例处断。

三国两晋南北朝时期法律形式形成律、令、科、比、格、式相互为用的格局。传统律典形式由汉代确立的律、令、科、比逐渐向律、令、格、式转化。科是汉代基本法律形式之一,其功能为补充和变通律、令。魏晋南北朝时魏有甲子科、蜀有蜀科、吴有科条,南朝梁、陈都有科,北魏"以格代科",科的独立地位逐渐丧失。比也是汉代基本法律形式之一,比附或类推,比照典型判例或相近律文处理法律无明文规定的同类案件。格主要是补充律的作用。北魏曾将律无正文者编为《别条权格》,东魏于孝静帝兴和三年(541年),"于麟趾殿删正刊典"[1],称《麟趾格》,均带有刑事法律性质,不同于隋唐时期具有行政法律性质的格。式指的是公文程式,源于汉代的品式章程,西魏文帝大统十年(544年)编订《大统式》,成为历史上最早以"式"为形式的法典。

隋唐是中国古代法律发展较为成熟的时期,其法律文明对周边国家都产生过重要的影响。唐代的法律形式主要有律、令、格、式四种。律是唐代基本法典,如《唐律疏议》。令是国家政

---

[1]《隋书》卷三十三《经籍志》。

权组织制度与行政管理活动的法规，其涉及的范围较为广泛。格是禁违止邪的官吏守则，带有行政法律的性质。不同于前代格的含义，唐代把皇帝临时单行制敕加以汇编，称为"永格"者，具有普遍的法律效力。式则是国家各级行政组织活动的规则，以及上下级之间公文程式的法律规定。在唐代经过汇编的式，称为"永式"者，具有普遍的法律效力。

二、敕律体系

两宋继承唐代法律形式，并有所发展，形成律、令、格、式、敕、例并行的格局。太宗、真宗、仁宗三朝，大致为敕律并行；熙宁二年（1069年）后，敕的地位得到了进一步提高，明文宣布"律不足以周事情，凡律所不载者一断以敕"[1]，形成"以敕代律"传统。敕是皇帝对特定的人和事，以及特定的区域所颁发的诏令，为一时之权制，不具有普遍的法律效力。但把众多的散敕加以分类汇编，删除矛盾重复之处，经皇帝批准颁行后，便具有普遍的法律效力，即所谓编敕。编敕是宋代最重要的经常性的立法活动，地方司、路、州、县也有编敕。宋太祖建隆四年（963年）制定《建隆新编敕》，是为宋编敕之始。太宗时有《太平兴国编敕》《淳化编敕》等。真宗时有《咸平编敕》《大中祥符编敕》。仁宗时有《天圣编敕》《庆历编敕》《嘉祐编敕》等。南宋"以敕代律"进一步发展，遂将"编敕"更名为"条法事类"。孝宗后，又把敕、令、格、式分门别类汇编，名为《淳熙条法事类》。宁宗又颁《庆元条法事类》，皆"敕令所分门编类为一书"[2]，与编敕无本质差异。而编例活

---

[1]《宋史》卷一百九十九《刑法一》。
[2]《宋史》卷一百九十九《刑法一》。

动始于北宋中期,盛于南宋。神宗时首颁《熙宁法寺断例》,为宋代编例之始。哲宗时有《元符刑名断例》,高宗时有《绍兴刑名断例》。至南宋庆元年间(1195—1200年),条例(指挥)达数万件之多。南宋时在敕、令、格、式四种法律形式并行和编敕的基础上,将敕、令、格、式以"事"分类统一分门编纂,形成了"条法事类"这一新的法典编纂体例。宋孝宗淳熙年间(1174—1189年)曾编有《淳熙条法事类》。宋宁宗嘉泰二年(1202年),谢深甫等编辑《庆元条法事类》成书,翌年,正式颁行。宋时法令汇编唯有《庆元条法事类》残本传世,今存残本有职制、选举、文书、榷禁、财用、库务、赋役、农桑、道释、公吏、刑狱、当赎、服制、蛮夷、畜产和杂门,共十六门,各门之下又分若干类。

元朝法律形式受两宋编敕的影响,内容广泛,具有法规大全的性质。综括元代法律,其基本形式以条格、断例为主。条格是由皇帝亲自裁定或由中书省等中央机关颁发给下属官府的政令,主要是有关民事、行政、财政等方面的法规。断例是经皇帝或司法官员所判案件的成例,多属刑事法规。这种以临时颁发的政令和判例为主的法律内容,与统一确定的法规经常冲突,使其法律内容很不规范。元代时,条格与断例已不再是法律地位的补充,而是开始上升为最重要的法律形式。除此之外,元朝还保留了一些带有民族色彩的法律形式,如"札撒"。"札撒"在蒙语中为"大法令"之意,是部落首领对部众发布的命令,是早期初创性的法律规范和生活习惯。

三、典例体系

明代立法继承和发展了唐宋成就,法律体系更趋完善,其法律形式主要有律、令、诰、例、典、榜文等。其中,会典是明清两代最为重要、规格最高的法典，居于"大经大法"的地位；律等基本法律相对稳定，有长行之法的称谓；诸司依据工作需要，分别制定各类则例，时常厘革损益，不断创新，故曰"权宜之法"。此外，明初创设了一些特别的文告形式的法令，作为当时主要的法律形式之一，曾发挥过重要的作用。这种形式的特别法令就是"大诰"和"榜文"。"大诰"的内容相当庞杂，涉及社会生活的各个方面，但主要内容是警告、惩治贪官污吏。"大诰"的处罚往往要重于律典，"大诰"规定的刑罚往往也是五刑以外的，甚至是一些历史上久已不用的酷刑。"榜文"也是由皇帝发布的文告形式的单行法规，其内容一般是皇帝的谕旨或经皇帝批准的官府告示、法令、案例。文告前提为"为某某事"，或"申明教化事"，文告后有"右榜谕众周知"字样，以大字抄写在板榜上，悬挂在各地衙门门首以及城乡申明亭。和"大诰"一样，"榜文"极其庞杂，涉及社会生活的方方面面，也有很多苛求罪名、滥用酷刑的榜文。明太祖、成祖两朝发布大量榜文，但以后不再有法律效力，此后各朝皇帝则很少采用这种文告法令形式。

除会典外，清朝常见的法律形式是律和例。乾隆时确定律文为祖宗世守之法，不再变动。律文所不载的新问题只有通过修订条例来反映到法律之中。例是通过对成例和判例的抽象化而形成的，是弥补律文不足的一种形式，在清朝被广泛使用，具有很高的法律效力。对于例与律之间相互矛盾的地方以例文五年一小修、十年一大修的方式予以解决。因此，在法律实践中，例越来越受到重视，甚至到了以例代律、以例破律的地步。但是从总体上来说，清朝秉承了典、律、例并行的立法格局，清朝的"则例"是清政府针对中央各部门的职责、办事规程而制定的基本规则，可以视为清政府的行政法规，各院均制定有则例。清代则例自康熙开始制定，主要有《刑部现行则例》《钦定吏部则例》《钦定户部则例》《钦定礼部则例》等。

第三节　重要法典

一、夏商周时期

由于历史久远，关于夏商时期法律规范的资料非常有限。这一时期的法律规范主要表现为王命和习惯法。（如夏启发布《甘誓》）"夏有乱政，而作禹刑。商有乱政，而作汤刑。周有乱政，而作九刑。"[1]禹刑是夏朝法律和刑罚的总称或代称，并非大禹所作，也非一部成文法典。夏朝法律已有较大规模，并在司法实践中积累了许多判例。以"禹刑"来统称夏朝的法律，一方面是为了表示对祖先大禹的尊崇与怀念，另一方面也是为了加强法律的威慑力。"汤刑"是商朝法律的总称，并非成汤所作，而是泛指商王朝的所有法律、法规和制度。商朝的法律渊源主要是不成文的习惯法，包括君王发布的"誓"（如《汤誓》，含义是约束，大体相当于后来的军法）、"诰"（如《汤诰》，含义是告诫，内容偏重于君王或权臣对大臣、诸侯或下属官吏发布的命令、指示）、"命"（君王针对具体事情发布的命令）、"训"（如《伊训》，规定了"三风十愆"）。西周穆王命吕侯制定甫刑（吕刑），贯彻周初"明德慎罚"的立法思想与司法原则，主张"刑罚世轻世重"。周王朝司寇吕侯参考夏代旧制，确立西周赎刑制度。西周初年，周公姬旦摄政，将夏商两代礼制加以折中损益，加上周族自己的礼制，制定了通行全国的较为全面系统化的周礼。通过制礼作乐，建立典制，奠定了西周"礼治"

---

[1]《春秋左传注疏》卷四十三《昭公六年》。

的基础。周礼能"经国家，定社稷，序民人，利后嗣"[1]，广泛调整政治、经济、军事、司法，以及个人思想言行，是西周时期法律规范的重要形式之一。

二、春秋战国时期

春秋时期"礼崩乐坏"，"礼治"系统不再具有约束力。新兴阶级为打破奴隶主贵族对于司法的垄断与专横，主张实行法治。各国相继公布成文法。战国时期魏国大臣李悝相魏文侯时"撰次诸国法"[2]，考察各国成文法，吸收各国立法经验，制定了魏国基本法典，称为《法经》。《法经》分为6篇，依次为《盗法》《贼法》《网法》《捕法》《杂法》《具法》。前4篇是正律，《网法》《捕法》多属于诉讼法的内容。《法经》以"王者之政，莫急于盗贼"[3]为宗旨，故将《盗法》和《贼法》列在法典之首。其中《具法》具有"具其加减"[4]的作用，是关于定罪量刑中从轻从重等法律原则的规定，相当于刑法总则，对后世秦汉、魏晋立法有重大影响。《法经》旨在维护封建专制政权，保护地主阶级的私有财产和奴隶制残余，并且贯彻了法家"轻罪重刑"的法治理论。它是中国历史上第一部比较系统、比较完整的封建成文法典，是战国时期政治变革的重要成果，也是战国时期封建立法的典型代表和全面总结，在中国封建立法史上居于重要的历史地位。《法经》的体例和内容，为后世封建成文法典的进一步完善奠定了重要基础。秦孝公六年（公元前356年），商鞅实行变法，以李悝的《法经》为蓝本，改法为律，制

---

[1]《春秋左传注疏》卷三《隐公十一年》。
[2]《晋书》卷三十《刑法志》。
[3]《晋书》卷三十《刑法志》。
[4]《晋书》卷三十《刑法志》。

定秦律，强调法律规范的普遍性，具有"范天下之不一而归于一"的功能。

三、秦汉魏晋时期

《云梦秦简》《里耶秦简》《岳麓秦简》等资料的发现，有效推进了对秦朝法律体系的研究，但对于秦朝法典的基本状况，目前仍不清晰。汉朝《九章律》在《法经》的基础上增加了《户》《兴》《厩》3篇，扩大了法典调整的领域。叔孙通制《傍章律》18篇，是关于礼仪制度方面的内容。张汤制《越宫律》27篇，主要是关于皇帝与宫廷警卫的法律。赵禹作《朝律》6篇，是关于朝贺制度方面的法律。《九章律》《傍章律》《越宫律》《朝律》合称"汉律六十篇"，并由此奠定了汉律的主干。

魏初承用汉律，至魏明帝太和三年（229年），始敕命司空陈群、散骑侍郎刘劭等，"删约旧科，傍采汉律"[1]，是为《魏律》或《曹魏律》（《新律》）。《魏律》改"具律"为"刑名"，置于律首，首次将"八议"入律，使礼律进一步融合，同时调整法典的结构与内容，增加篇目，制《新律》18篇，在此基础上改革刑罚（死刑、髡刑、完刑、作刑、赎刑、罚金、杂抵罪），限制从坐范围。魏晋南北朝时期另一部代表性法典是《晋律》，是中国历史上第一部儒家化的法典，也是三国两晋南北朝时期唯一一部曾通行全国的成文法典。它明确区分了律令界限，提高了正律地位。"律以正罪名，令以存事制"，[2]篇章安排比较合理，条文简洁。律典设立《刑名》《法例》2篇，法律概念进一步规范，并且首次将"准五服以制罪"写入律典。北魏孝

---

[1]《晋书》卷三十《刑法志》。
[2]《太平御览》卷六百三十八《刑法部》引杜预《律序》。

文帝太和十九年（495年），律学博士常景等人撰成《北魏律》20篇，《北魏律》根据汉律、参酌魏晋律，经过"综合比较、取精用宏"而集当时之大成，其特点是"纳礼入律"。武成帝河清三年（564年），封述等人制定的《北齐律》，是代表当时最高水准的封建法典，以"法令明审，科条简要"[1]著称，隋唐律典均以其为蓝本，创制了12篇的法典体例和《名例》的总则篇目，确立了"重罪十条"制度，以及死、流、徒、杖、鞭五刑，为隋唐封建制五刑体系的最终建立奠定了基础。

四、隋唐时期

隋文帝开皇三年（583年），苏威、牛弘等人修成《开皇律》，共12篇，500条。《开皇律》上承汉律，下启唐律，在中国法制史上具有重要地位。其以《北齐律》为基础，调整了篇目内容，确定了名例、卫禁、职制、户婚、厩库、擅兴、贼盗、斗讼、诈伪、杂律、捕亡、断狱等12篇体例，共500条，体现了"刑网简要，疏而不失"[2]的特点。

唐贞观年间（627—649年）唐太宗命长孙无忌、房玄龄等人全面修订新律，至贞观十一年（637年），修成《贞观律》12篇，500条。《贞观律》的修订完成，标志着唐代基本法典定型化，奠定了唐律的基本面貌，形成具有特色的一代律典。此外，又制定《贞观令》30卷，《贞观式》20卷。永徽二年（651年），唐高宗命长孙无忌等人撰定律令，完成12篇500条的《永徽律》。永徽三年（652年），长孙无忌等人又历时一年，"参撰律疏"，以律文为经，按照12篇顺序，对500条律文逐条

---

[1]《隋书》卷二十五《刑法志》。
[2]《隋书》卷二十五《刑法志》。

逐句进行诠解与疏释，经唐高宗批准，于永徽四年（653年）颁行全国，称为《永徽律疏》，即今传《唐律疏议》。《永徽律疏》12篇依次为《名例》《卫禁》《职制》《户婚》《厩库》《擅兴》《贼盗》《斗讼》《诈伪》《杂律》《捕亡》《断狱》。法典结构则由律文、疏议、问答和注释组成。《永徽律疏》在元朝以后被称为《唐律疏议》，是我国现存最早最完整的封建法典，也是中国封建时代最具代表性的法典，集封建法典之大成，居于承前启后的重要地位。开元十年（722年），唐玄宗下令仿照《周礼》，修定六典，由张说、张九龄、李林甫等人递修，至开元二十六年（738年）完成。《唐六典》按照封建官僚体制编排，涉及唐代三省六部，以及各寺监等封建国家机关的设置、奖惩、俸禄、休致、执掌等规定，是中国历史上第一部较为系统的行政法典，也是中国古代律典分野的界石。唐宣宗大中七年（853年），左率府仓曹参军张戣将《唐律》按性质分为121门，并将"条件相类"的令、格、式及敕附于律文之后，"以刑律分类为门，附以格敕"，共1250条，称为《大中刑律统类》，唐宣宗下诏命刑部颁行。

五、宋元时期

宋朝最具代表性的法典是《宋刑统》，其在结构内容上沿袭《唐律疏议》，两者的篇目、内容大体相同，均为30卷，12篇，502条。《宋刑统》在12篇下设213门，将性质相同或相近的律条及有关的敕、令、格、式、起请条等条文作为一门。《宋刑统》收录唐开元二年（714年）至宋建隆三年（962年）部分敕、令、格、式，形成一种律令合编的法典结构。《宋刑统》删去《唐律疏议》每篇前的历史渊源部分，因避讳，对个别字也有改动，如将"大不敬"的"敬"字改为"恭"等。宋朝后期法律形式和内容虽有变化，但《宋刑统》作为国家的基本法典，行用于两宋三百余年间而不改。

元朝时期，立法上继承了汉族法律中的严厉之制，在法律实施上进行民族分治，从而在法律内容和司法制度中渗透了蒙古族的传统文化精神。《大札撒》是蒙古游牧社会时期颁布的一部法律，内容包括刑事、民事、军事、宗教、审判、治安等各个方面，有习惯、训令、札撒等方面，是成吉思汗颁布的。窝阔台汗即位后根据成吉思汗的遗嘱，汇集所有成吉思汗所颁布的具有普遍意义的《札撒》，并将其重新加以明确肯定，称之为《大札撒》。至元二十八年（1291年），元世祖命中书参知政事何荣祖以公规、治民、御盗、理财等十事辑为一书，名曰《至元新格》，次年刻版颁行，是元朝第一部成文法典。元英宗至治三年（1323年）颁布。《大元通制》使元朝法典遂至定型。《大元通制》共两千多条，分制诏、条格、断例、别类四部分，其篇目仿唐宋旧律，分为《名例》《卫禁》《职制》《祭令》等20篇。元朝的代表性法典还有《元典章》，这是元朝江西地方政府对有关政治、经济、军事、法律等方面圣旨条例的汇编，后由中书省批准在全国颁行。《元典章》开创六部分编的立法体例，为明清时《大明律》《大清律例》援用。

六、明清时期

明朝法律制度上承唐宋，下启清朝。明朝是君主专制中央集权高度发展和商品经济较为发达的时代，其法律制度也与这一时期的政治经济发展相适应。《大明律》是明朝的基本法典，草创于吴元年（1367年），更定于洪武六年（1373年），整齐于洪武二十二年（1389年），至洪武三十年（1397年）始颁示天下，共30卷，460条。《大明律》一改唐宋旧律的传统体例，形成了以名例、吏、户、礼、兵、刑、工等 7 篇为构架的格局。《北齐律》《开皇律》《唐律疏议》《宋刑统》等相沿已久的 12 篇体例至此一变。《大明律》在明代始终被视为"日久而虑精"[1]的法典，"累朝遵用"[2]而不敢稍议妄改。明初为防止"法外遗奸"[3]，朱元璋制定刑事特别法《大诰》。"大诰"取法于西周时期周公训诫臣民的《尚书·大诰》。明《大诰》具有与《大明律》同等的法律效力，甚至略高，打击对象为贪官污吏，每户人家必有一本，其内容也列入科举考试。明《大诰》的主要内容为惩治各种犯罪的典型案例及朱元璋发布的训词诫令，是明代具有特别法性质的重刑法令和案例汇编，充分体现了"重典治世"的思想。明孝宗弘治年间（1488—1505 年），刑部删定《问刑条例》，使之成为正式法律，尔后开始出现律、例并行的局面。明朝时期仿照《唐六典》的体例编制《大明会典》，首次成书于弘治十五年（1502 年），后经明武宗、世宗、神宗三朝重加校刊增补，共 282 卷，又称"三朝会典"，其以六部官制为纲，分述各行政机构的职掌和事例，在每一官职之下，先载律令，次载事例。《大明会典》汇集了明代法令典章，故也具有行政法规汇编的性质，是调整封建国家各机关权力职责的官修政书。

清朝是中国历史上最后一个封建王朝，其法律制度继承了明朝以来法制建设的精华，同时又突出了其独有的民族特色。乾隆元年（1736 年），群臣受命对大清律逐条考正，折衷损益，于乾隆五年（1740 年）完成《大清律例》，"刊布内外，永远遵行"。《大清律例》是中国历史上最后一部封建成文法典，采律例合编

---

[1] 《明史》卷九十三《刑法志》。
[2] 《明史》卷九十三《刑法志》。
[3] 《明史》卷九十三《刑法志》。

的形式,即律后附以奏准的"条例",结构形式分7编体例,共30门,436条。清律律文从此定型,一直沿用到清末修律。附例"五年一小修,十年一大修",至清末附例一千余条。《大清律例》结构仿照《大明律》,为总则加吏、户、礼、兵、刑、工7篇。清政府仿效明朝,编制会典,先后出现了《康熙会典》《雍正会典》《乾隆会典》《嘉庆会典》《光绪会典》,合称"五朝会典",统称《大清会典》。

晚清时期,鸦片战争的爆发改变了中国的社会性质,传统的自然经济解体,政治领域也发生了一系列变化。清政府迫于内忧外患,在20世纪初进行了以预备"仿行宪政"为名的政治活动,其实质是政府用宪政争取和拉拢资产阶级立宪派,抵制革命运动,巩固清朝的专制主义统治。1901年清廷宣布"变通政治",实行"新政",整饬吏治、修订法律、编练新军、奖励实业等,并宣布预备"仿行宪政"。1908年颁布《钦定宪法大纲》,成为中国法制史上首部具有近代宪法意义的法律文件。《钦定宪法大纲》共23条,分为正文"君上大权"和附录"臣民权利义务"两部分。正文部分规定"大清皇帝统治大清帝国万世一系,永永尊戴","君上神圣尊严,不可侵犯"。皇帝有权颁布法律,发交议案,召集及解散议会,设官制禄,黜陟百司,编订军制,统帅陆海军,宣战媾和及订立条约,宣告戒严,爵赏恩赦,总揽司法权及在紧急情况下发布代法律之诏令。并且"用人之权","国交之事","一切军事",不付议院议决,皇帝皆可独专。附则规定臣民有纳税、当兵、遵守法律的义务。在法律范围内,享有言论、著作、出版、集会、结社、担任公职等权利和自由。《钦定宪法大纲》确认了君主立宪制的政治改革方向,但由于君权强大,议院立法权和监督权非常有限,臣民的自由权利微不足道并缺乏有效保障。武昌起义爆发后,清政府在大厦将倾之时发布《宪法重大信条十九条》，其实质是清朝统治者为求自保而抛出的政治骗局，但并未能挽回颓局，随着清王朝的覆灭，"预备立宪"也随之流产。但是在这一过程中，清朝统治阶级一部分代表主张向西方学习的法理派主持修订的一些带有资本主义色彩的律典对打破蒙昧、开启民智产生了重要的影响。其中《大清现行刑律》是由清政府于1910年5月15日所颁行。它是在《大清律例》的基础上稍加删改而成，共36卷，389条，另有附例1327条，并附《禁烟条例》12条和《秋审条例》165条。其改律名为"刑律"，改变秦汉以后律典模式，取消了《大清律例》中按吏、户、礼、兵、刑、工六部名称而分的六律总目，将法典各条按其性质分隶三十门。关于继承、分产、婚姻、田宅、钱债等纯属民事性质的条款不再科刑，同时删除了凌迟、枭首、戮尸、刺字等刑罚和缘坐制度，改笞、杖刑为罚金、苦役，并停止刑讯。将主体刑罚确定为死刑（斩、绞）、遣刑、流刑、徒刑、罚金等五种。《大清现行刑律》只是在形式上对《大清律例》稍加修改而已，无论是在表现形式、法典结构还是在具体内容上都不能说是一部近代意义上的专门刑法典，而是清末修律活动当中一部过渡性质的法典。次年（1911年）1月25日公布了《大清新刑律》，这是中国历史上第一部近代意义上的专门刑法典，但并未正式施行。其基本上贯彻了沈家本在制定新刑律中提出的"更定刑名""酌减死刑""死刑唯一""删除比附"和"惩治教育"五项原则，抛弃了以往旧律"诸法合体"的编纂形式，以罪名和刑罚等专属刑法范畴的条文作为法典的唯一内容，因而成为一部纯粹的专门刑法典；在体例上抛弃了以往旧律的结构形式，采用近代西方刑法典的体例，将整部法典分为总则与分则两部分；确立了新的刑罚制度，规定刑罚分为主刑和从刑两种，主刑包括死刑（仅绞刑一种)、无期徒刑、有期徒刑、拘留、罚金,从刑包括褫夺公权和没收两种。《大清新刑律》采用了一些近代西方资产阶级的刑法原则和近代刑法学的通用术语,如采用了罪刑法定主义原则,删除旧律中的比附制度;采用了近代的法律面前人人平等原则,取消了因官秩、良贱、服制而在刑律适用上所形成的差别,取消了"八议"制度,并采用了西方资产阶级国家通用的缓刑、假释、正当防卫等制度和术语,并对幼年犯罪改用惩治教育的办法等。《大清新刑律》属于近现代意义上的新式刑法典,标志着中国封建法律体系的瓦解和近代法律体系的诞生,是清末修律的代表作。但是,《大清新刑律》对于传统旧律并没有作实质性的修改,特别是附录《暂行章程》依然存在于法典之中,依然保持着旧律传统。由于清朝社会关系发生了极大的变化,传统的调整自然经济的法律规定已经不能满足新兴生产关系的需要,于是资产阶级纷纷要求修订民法。《大清民律草案》的制定由修订法律馆与礼学馆共同承担,起草工作正式开始于1907年,1911年完成,全文共36章,1569条,采纳各国通行的民法原则,以最新最合理的法律理论为指导,充分考虑中国特定的国情民风,确定最适合中国风俗习惯的法则,并适应社会演进的需要。民律草案前三编以"模范列强"为主,所依据的主要是各国的成文法和最新法学理论,在起草者松冈义正的影响下,以日、德、瑞士民法典为参照,体例结构取自德国民法典。民律草案后两编以"固守国粹"为主,根据民律草案的起草原则,所有涉及亲属关系以及与亲属关系相关联的财产关系,均以中国传统礼教与民俗为主,立法者具体提出这两编主要参照的法律、经义和道德。因此民律草案虽也采纳了一些资产阶级的法律规定,但更多的是注重吸收中国传统社会历代相沿的礼教民俗。

七、民国时期

1911年辛亥革命爆发,清政府被推翻,延续了两千多年的封建帝制终于走到了尽头。辛亥革命胜利后各省都督府代表会议通过《中华民国临时政府组织大纲》,这是关于筹建中华民国临时政府的纲领性文件,于1911年12月3日通过,1912年1月2日修正,共4章21条。该大纲第一次以法律形式宣告废除封建帝制,以美国的国家制度为蓝本,确立了总统制共和政体,规定实行三权分立原则。这个大纲成为以后制定《中华民国临时约法》的基础。根据《中华民国临时政府组织大纲》的规定,临时政府为总统制下的共和政府,总统为国家元首和政府首脑,统率军队并行使行政权力,立法权由参议院行使,临时中央审判所作为行使最高司法权的机关,由临时大总统取得参议院同意后设立。《中华民国临时政府组织大纲》具有临时宪法的性质,但从内容上看,实际上是一个政府组织法。它以法律的形式肯定了辛亥革命的成果,为以孙中山为首的中华民国南京临时政府的成立提供了法律依据,并且第一次以法律的形式确认了共和政体的诞生,宣告了封建专制制度的灭亡,因而具有进步意义。但是该组织大纲对于人民的民主权利没有任何反映,显示出该组织大纲及依据其所产生的中华民国的资产阶级性质。《中华民国临时约法》是南京临时政府于1912年3月11日公布的一部重要的宪法文件,共7章,56条。《中华民国临时约法》确定中华民国为民主共和国,以根本法的形式宣判了封建君主专制制度的覆灭,确认了中华民国的合法性。《中华民国临时约法》采用责任内阁制,规定临时大总统、副总统和国务院行使行政权力,参议院是立法机关,法院是司法机关,并规定了其他相应的组织与制度。其以责任内阁制取代总统制,规定了人民的权利义务及保有财产和营业的自由，体现了资产阶级宪法中的民主自由原则，规定人民享有一系列权利，它是中国近代第一部资产阶级共和国性质的宪法文件。

辛亥革命以后，为了限制袁世凯的权力，国民党等在野派于 1913 年 10 月 31 日通过了由国会宪法起草委员会起草的《中华民国宪法草案》，又被称为"天坛宪草"，共 10 章，113 条，后未能正式通过，是北洋政府时期的第一部宪法草案。袁世凯担任中华民国大总统之后，在 1914 年 5 月 1 日公布《中华民国约法》取代《中华民国临时约法》，此约法在 1916 年袁世凯创立中华帝国时被废弃，又称"袁记约法"，共 10 章，68 条。《中华民国约法》极大地增加了总统权力，是军阀专制全面确立的标志。北洋政府于 1923 年 10 月 1 日公布《中华民国宪法》，这部宪法在起草和通过过程中受到曹锟贿选的操纵，故而被国人讥称为"贿选宪法"，是中国近代史上第一部正式的"宪法"，共 13 章，141 条。1928 年 10 月国民党政权进入"训政"时期，国民党中央常务会议通过《训政纲领》，是进入"训政"以后的纲领性文件，规定由国民党全国代表大会代表国民大会，领导国民行使"政权"，在国民党全国代表大会闭会期间，则由国民党中央执行委员会行使政权。1936 年 5 月 5 日，国民党政府公布《中华民国宪法草案》，即"五五宪草"。该宪法草案共 8 章，148 条，因时局变化未付诸议决，但却成为国民党《中华民国宪法》的蓝本。国民党《中华民国宪法》于 1946 年 12 月 25 日通过，1947 年实施，共 14 章，175 条，其基本精神与《训政时期约法》和"五五宪草"一脉相承，但碍于政协通过的"宪法修改原则"12 条的重大影响，又不得不在具体条文上有所变动，规定依三民主义、五权宪法确定国体与政体，国民大会为全国最高行政机关，但对其职权加以限制；形式上采用总统制,但总统的权力受到立法院、行政院和监察院的制约;规定人民各项民主自由权利及必要的宪法义务,采取中央与地方分权体制,形式上赋予省、县两级地方政府以自治权。单纯从宪法条文上看,国民党《中华民国宪法》可以算是当时形式上最为民主的宪法之一,但是形式上的民主却是服务于国民党一党专政和蒋介石个人独裁的工具。

八、根据地时期

根据地时期法制是我国近代转型法制的重要组成部分。第一次国共合作失败后,由国民党领导的南京国民政府开始采取军事围剿的方式,不断攻打中国共产党所占据的若干革命根据地。为了防备国民政府的军事打击,同时继续加强对红色革命的探索和实践,中国共产党建立了中华苏维埃共和国。1931年11月7日第一次全国工农兵代表大会在江西瑞金召开,通过了《中华苏维埃共和国宪法大纲》。1934年1月第二次全国工农兵代表大会对《中华苏维埃共和国宪法大纲》予以修改,最主要的修改是在第1条增加了"同中农巩固的联合"条文。该大纲规定,苏维埃国家性质是"工人和农民的民主专政国家",苏维埃国家的政治制度是工农兵代表大会制度,它保证工农大众参加国家管理,便于工人阶级及其政党的领导,实行民主集中制和议行合一原则,它是根据革命实践及苏联经验建立的新式民主制。大纲还规定了公民的权利与义务,包括政治、经济、文化等各方面,工农兵及一切劳苦民众享有广泛的民主权利。同时大纲宣布中华民族完全自由独立,不承认帝国主义在中国的特权及不平等条约,与世界无产阶级和被压迫民族站在一起,对受迫害的世界革命者给予保护,对居住在苏区从事劳动的外国人给予法定的政治权利。这是第一部由劳动人民制定、确保人民民主制度的根本大法,是中国共产党领导人民反帝反封建的工农民主专政的伟大纲领,同资产阶级的约法以及旧中国反动政府制定的宪法有本质的区别,它肯定了革命的胜利成果,提出了斗争的方向。尽管受到"左"的影响,但该大纲仍是一部划时代的宪法性文件。它的颁行调动了苏区人民的积极性,为以后制定民主宪法提供了宝贵经验。

井冈山革命根据地时期还颁布了《井冈山土地法》,规定"没收一切土地归苏维埃政府所有",以人口或劳动力为标准,男女老幼平均分配。1929年4月颁布《兴国土地法》,将"没收一切土地"改为"没收一切公共土地及地主阶级的土地",这是一个原则性的修改。土地革命后期影响最大、实施地区最广、适用时间最长的土地法是《中华苏维埃共和国土地法》(1931年11月)。它废除了封建土地剥削制度,规定了没收土地财产的对象和范围,宣布废除一切高利贷债务,规定了对于没收的土地财产的分配办法以及土地所有权问题。该土地法一方面规定现阶段不禁止土地使用权的出租与转让,同时规定在条件具备的时候实行土地国有制。但由于受"左"倾思想的干扰,这部土地法的一些规定也体现了"左"倾倾向,如在土地分配上,规定实行"地主不分田、富农分坏田"的政策。这些"左"倾错误在后来陆续得到纠正。

在抗日战争后期,为了保证抗战的胜利,团结一切可以团结的力量,中国共产党于1941年颁布《陕甘宁边区施政纲领》,增加了"三三制"政权组织形式和保障人权等崭新内容。该纲领颁布的主要目的是团结边区内各阶级、党派,发动一切人力、物力、财力抗战,严厉镇压汉奸及反共分子。其主要措施包括调节各阶级的关系,"地主减租减息,农民交租交息;改善民众工作生活,同时使资本家有利可图;一致对外,共同抗日"。其中还有关于健全民主的规定，如实行普遍、直接、平等、无记名投票的选举制度，保障一切抗日人民的选举权与被选举权；保障一切抗日党派、团体、人民的人权、财权及各项自由；人民享有用任何方式控告任何公务人员非法行为的权利；男女平等；提高妇女地位，保护其特殊利益；反对民族歧视，实行民族平等、自治，尊重宗教信仰、风俗习惯。1946年4月陕甘宁边区第三届参议会通过《陕甘宁边区宪法原则》，分为"政权组织""人民权利""司法""经济""文化"五部分。《陕甘宁边区宪法原则》确立边区、县、乡人民代表会议为管理政权的机关，各级权力机关开始由抗日时的参议会过渡为人民代表会议；为新中国基本政治制度的建立奠定了初步基础；规定了人民政治上行使的各项自由权利，受政府指导与物质帮助，边区人民不分民族一律平等，少数民族聚居区享有民族区域自治权；还规定除司法机关、公安机关依法执行职务外，任何机关、团体不得有逮捕审讯行为；人民有权以任何方式控告失职的任何公务人员，司法独立不受任何干涉。1947年10月10日《中国土地法大纲》颁布，贯彻"依靠贫雇农，团结中农，保护工商者，正确对待地主富农"的土改原则，对一切对抗或破坏土地改革的罪犯，组织人民法庭予以审判。该大纲废除了封建半封建性剥削的土地制度，实行"耕者有其田"，总结了中国共产党二十多年土地革命的基本经验教训，是一个正确的土地纲领，体现了土地改革的总路线，调动了农民革命与生产的积极性，为保证战争胜利起到了决定性的作用。

中国古代的法典文明源远流长，蕴含着十分丰富的法律内涵，形成了"明德慎罚""德本刑用""明刑弼教"等重要立法理念；在法典演化进程中，形成了律令时代（秦汉至隋唐）、敕律时代(宋元时期)和典例时代(明清时期)的鲜明格局,构造了古代中国独具特色的法律形式和法律体系;创造性制定了《九章律》《泰始律》《开皇律》《宋刑统》《元典章》《大明律》《大清律例》《大明会典》《大清会典》《理藩院则例》等代表性法典,其中,《唐律疏议》成为中华法系的杰出代表,占据东亚法制枢轴的重要地位,在世界法制史上具有非凡意义。法典文明是中华民族法制智慧的集中体现,历代法典是今人了解古代法律制度文明的基本载体,其不仅能够调整当时的社会关系,维护当时社会的稳定和发展,而且对于当今的法治建设也有借鉴价值。其中包含的积极的法律思想观念,对现实社会的进步所产生的作用不言而喻。我们今天所提倡的"以人为本""依法治国与以德治国"相结合这些思想都需要从古代思想观念中汲取营养,这能够让我们更好地在社会主义建设中立足国家富强、社会和谐、文化繁荣、人民幸福的时代主题,从而赋予其历久弥新的生命力。

第三章 判例文明

中国历来具有编辑判例、援引判例作为特定案件判决理由，判例法与制定法结合等历史传统。但关于判例适用技术的研究、判例援引方法的总结以及对判例传统的文化分析方面相对较为落后。在中国传统法制领域，从编辑判例到总结、提炼判例的形成与适用规则，经过了数个世纪漫长的发展，却始终未能形成关于判例的学说。援引判例的技术和方法相对较为落后，判例研究的基础薄弱，相关的理论研究成果缺乏，不能满足司法实践的客观需要。判决理由的程式化，影响了司法水平的持续提升。

第一节 判例的历史传统

中国现存最早的法律文化资源，不是成文法典，而是司法判例——陕西宝鸡出土的西周青铜器铭文《僳匜》，记载了牧牛诉僳一案的判决书。虽然该铭文并不仅仅系判决书文本，但包含了判词的内容。[1]现存最早全面记载司法案例的史料，当属《左传》。作为中国历史和法律的早期文献，《左传》包含了诸多执法断案的事例，形象生动地体现了当时的法制状况。[2]在出土文献中，《睡虎地秦墓竹简》其《封诊式》关于"经死"和"出子"等判例，不仅详细记录了案件从发生到侦查、破案的经过，而且对如何进行检验、检验的步骤、检验结果的

---

[1] 参见汪世荣：《中国古代判词研究》，中国政法大学出版社1997年版，第27~28页。

[2] 汪世荣：《中国古代判词研究》，中国政法大学出版社1997年版，第5~6页。

运用等进行了详细的描述。[1]张家山汉简《奏谳书》更对破案、议罪的典型判例进行了汇集。

在长期的判例编辑实践中，从汉代开始形成了约定俗成的编辑体例："集类为篇，结事为章"，即分门别类的判例编辑体例。《汉书·陈宠传》记载，陈宠"少为州郡吏，辟司徒鲍昱府，数为昱陈当世便宜，昱高其能。转为辞曹，掌天下狱讼。宠为昱撰辞讼比七卷，决事科条，皆以事类相从。昱奏上之，其后公府奉以为法"。《晋书·刑法志》记载："汉时决事，集为《令甲》以下三百余篇，及司徒鲍公撰嫁娶辞讼决为《法比都目》，凡九百六卷。世有增损，率皆集类为篇，结事为章。一章之中或事过数十，事类虽同，轻重乖异。"

"轻重乖异"是对同类案件判决结果差异巨大现象的描述。但是，判决结果"轻重乖异"，是案件事实本身差异巨大所导致，还是事实基本相同判决结果却相互矛盾？由于史料记载高度概括，很难从字面加以解释和判断。假如相同事类的案件，关键事实不同，裁判结果也不同，那是合乎逻辑的正常现象。反之，如果关键事实基本相同，裁判结果却相异，或者对判例的分析技术缺乏，根本不去区分关键事实，判例相互之间矛盾重重，缺乏逻辑性，那么，"轻重乖异"就是对司法混乱的写真。从现有文献无法进行分析和判断，进而得出清晰、可靠的结论，由此人们关于判例的援引，必然导致司法混乱的习惯性认识。

唐宋时期，不仅编撰有专门的判例汇编，而且出现了判例研究的专门著作，郑克的《折狱龟鉴》对相似判例的比对研究，

---

[1] 睡虎地秦墓竹简整理小组编：《睡虎地秦墓竹简》，文物出版社1978年版，第264~265页，第274~275页。

首创中国传统法学研究关于事实性质的分析方法，将事实区分为关键事实和一般事实，明确提出，关键事实决定案件的结果。例如，"唐李杰为河南尹，有寡妇告其子不孝。杰物色非是，谓寡妇曰：'汝寡居，唯一子，今告之罪，致死也。得无悔乎？'妇言子无状，宁勿惜。杰曰：'审如此，可买棺来取儿尸。'因使觇其后。寡妇出，与一道士语曰：'事了矣！'俄将棺至。杰即令捕道士，劾问，具服与寡妇通，为子所制，故欲除之。于是杖杀道士，纳于棺"。

郑克在"按语"中列举了后母告子案例："曾孝序资政知秀州，有妇人讼子。指邻人为证。孝序视其子颇柔懦，而邻人举止不律。问其母，又非亲。乃责邻人曰：'母讼子，安用尔为？'事非涉己，因并与其子杖之。闻者称快。"

郑克认为："继母私邻人而忌其子，间之，故使讼。邻人与道士类矣。然彼教寡妇讼其子以死罪，故杀之。此教继母讼其子，罪不至死也，故杖之而已。"通过对比，郑克对教唆词讼罪的法律责任进行了讨论。同样是"教令人告"（明清律为"教唆词讼"）罪名，由于教令的内容不同，被教令者实施的犯罪行为各异，触犯教令者所触犯的罪名虽然相同，但是，教令者的刑事责任自然"轻重乖异"。在《唐律疏议》中，有"教令人告"的规定："诸教令人告，事虚应反坐，得实应赏，皆以告者为首，教令为从。"同样是教令其母告子，根据所告案件的性质确定教令者的责任，才能准确体现诬告反坐的精神和原则。

然而，郑克的研究仅仅停留在理论探索上，并没有上升到司法技术层面。具体案件的判决中，如何援引先例，实现司法公正的议题，没有展开讨论。司法经验的总结和提炼，没有受到司法实践的关注。郑克的研究，对如何在判决理由中分析事实的性质，缺乏详细的描述和分析。而且，传统文献关于司法审判的记载高度概括，细节的描述和事实的揭示，远不能满足判例分析的要求。例如，魏征判决案件，特点突出，效果明显，相关文献对案件事实的描述却十分粗疏："七年，代王珪为侍中，尚书省滞讼有不决者，诏征评理之。征性非习法，但存大体，以情处断，无不悦服。"[1]类似这样的记载，更多显示了文学的意蕴。究其原因，这些史料并非法律专业人员撰写，忽视对事实的详细记录、深入分析，以及重要性的揭示，也是情理之中的事情。

即便朝廷准许适用判例，试图规范判例的适用，但适用技术的缺乏，导致的仍然是法律秩序的混乱。例如，乾道时期，"法令虽具，然吏一切以例从事。法当然而无例，则事皆泥而不行"；淳熙初，"诏除刑部许用乾道刑名断例，司勋许用获盗推赏例并乾道经置条例事指挥，其余并不得引例"。[2]由此引发了对司法混乱的激烈批评："律既多成虚文，而例遂愈滋繁琐。其间前后抵触，或律外加重，或因此例而生彼例，不惟与他部则例参差，即一例分载各门者，亦不无歧异。辗转纠纷，易滋高下。"[3]判例研究的滞后，是司法混乱的重要原因。法学研究解释司法实践具有合理性，但法学研究落后于司法实践，主要是由于传统司法缺乏资料的公开环节，无论是审判程序的记录，还是判决理由，均深藏于官府。司法档案的垄断，直接阻碍法学研究的实践面向。

明清时期，专门的判例集《明大诰》《问刑条例》出现，与《大明律》相互补充，相互为用。清朝则进行了将判例纳入法典的工作，通过定期的编辑判例活动，实现了法典的不断丰富与

---

[1]《旧唐书》卷七十一《魏征传》。
[2]《宋史》卷一百九十九《刑法一》。
[3]《清史稿》卷一百四十二《刑法一》。

完善。定期将判例引入法典，进行律例合编的立法活动，目的是消除法典与判例之间的歧异，以及判例相互之间的冲突。

清朝的律例合编实践，不但实现了判例援引的便利化，而且是判例发展的新阶段，形成了中国独特的判例法与制定法相互为用、相互促进的法律特色。这也是对判例原理研究具有的局限和不足的补充，因为以往的判例编辑，对案件事实的比对粗疏、简单，对原理的揭示不够，只有将判例编辑纳入法典，形成对判例的性质转换，才能克服判例理论技术研究滞后所带来的缺陷。由此导致的结果是，对于援引判例的效果，在中国古代始终没有得到正面的评价，并影响了当今对判例的正确认知。判例作为法律渊源的地位，缺乏理论分析和政策决断，这也是案例指导制度的瓶颈所在。

第二节　援引判例说理

中国传统法律文献中海量的判例史料，对深入理解中国古代法律适用的状况，意义深远。这些判例中，援引先例作为特定案件的判决理由，构成了判例援引的重要传统。从技术上看，有些判例援引时并不说明依据的先例名称，仅仅重申先例业已确立的原则和规则，有些判例则直接说明依据的先例名称，并作出判决。

一、说理时不说明依据的先例名称

援引先例进行法律说理，并不指出先例的名称，而是重申先例业已确立的原则和规则，并据此作出判决。以"张释之判犯跸案"为例：

上行出中渭桥，有一人从桥下走出，乘舆马惊。于是使骑捕，属之廷尉。释之案问。曰："县人来，闻跸，匿桥下。久之，以为行已过，即出，见乘舆车骑，即走尔。"廷尉奏当，一人犯跸，当罚金。文帝怒，曰："此人亲惊吾马，吾马赖柔和，令他马，固败伤吾乎？而廷尉乃当罚金！"释之曰："法者，天子所与天下公共也。今法如此而更重之，是法不信于民也。且方其时，上使立诛之则已。今即下廷尉，廷尉，天下之平也，一倾而天下皆为之轻重，民安所措其手足？唯陛下察之。"良久，上曰："廷尉当是也。"〔1〕

上述判例对君主、臣民与法律，君权与司法权等多重关系进行了厘定，确立了君、臣、民均需遵守法律，君主的临时处断权受到司法权限制等原则。就前者而言，认为法律是君主与臣民需共同遵守的行为规范，作为"公共"资源，具有客观属性。如果法律有明文规定，而不按照规定量刑，加重或者减轻处罚，就会造成法律不能取信于民的结果。就后者而言，认为君主有临时处断的权力，司法权则负有执行法律的义务。君主的临时处断权力，受到时间、地点和环境的限制，"过期的权力"不再成为临时处断，必须受到司法的限制。

上述判例所确立的法律原则是否得到了援引？在"戴胄判诈伪资荫案"中，虽然没有明确"张释之判犯跸案"这一先例的名称，但是，对先例业已确立的原则和规则进行了原原本本的重申：

于时朝廷盛开选举，或有诈伪资荫者，帝令其自首，

---

〔1〕《史记》卷一百二《张释之传》。

不首者罪至于死。俄有诈伪者事泄,胄据法断流以奏之。帝曰:"朕下敕不首者死,今断从流,是示天下以不信。卿欲卖狱乎?"胄曰:"陛下当即杀之,非臣所及。既付所司,臣不敢亏法。"帝曰:"卿自知守法,而令我失信耶?"胄曰:"法者,国家所以布大信于天下,言者,当时喜怒之所发耳。陛下发一朝之忿而许杀之,既知不可而置之于法,此乃忍小忿而存大信也。若顺忿违信,臣窃为陛下惜之。"帝曰:"法有所失,公能正之,朕何忧也。"胄前后犯颜执法多此类。[1]

判例虽然没有明确说理依据为"张释之判犯跸案",但是,对君主"当即"行使临时处断权进行的重申和限制,对法律的性质进行的澄清,与"张释之判犯跸案"如出一辙。唐太宗之所以能够接受戴胄的意见,与"张释之判犯跸案"所确立的原则和规则已经深入人心有极大的关系。"张释之判犯跸案"所确立的原则,构成了"明君"的标准,尤其是成为君权与司法权关系的基石,不能动摇。

尽管如此,从先例中总结法律原则,合理界定君权和司法权关系的传统,并没有消失。《史记·酷吏传》载:"杜周为廷尉,而善候伺,上所欲挤者因而陷之,上所欲释者,久系待问,而微见其冤状;客有让周曰:'君为天子决平,不循三尺法,专以人主意旨为狱,狱者固如是乎?'周曰:'三尺法安出哉?前主所是著为律,后主所是疏为例,当时为是,何古之法乎?'"身为廷尉的杜周,"不循三尺法"的行为,被大众质问,即"让",讽刺、挖苦,虽然其进行辩解,偷梁换柱,混淆视听,

---

[1]《旧唐书》卷七十《戴胄传》。

但终究难逃史家的秉笔直书，至今成为我们思考司法权界限的著名案例。

二、直接援引先例名称进行说理

案件判决理由直接说明援引先例的名称，并将之作为依据。"狄仁杰判误斫昭陵柏树案"具有代表性。该案援引了两个先例，从两个方面对判决理由进行了说理：

> 时武卫大将军权善才坐误斫昭陵柏树，仁杰奏罪当免职。高宗令即诛之，仁杰又奏罪不当死。帝作色曰："善才斫陵上树，是使我不孝，必须杀之。"左右瞩仁杰令出，仁杰曰："臣闻逆龙鳞，忤人主，自古以为难，臣愚以为不然。居桀、纣时则难，尧、舜时则易。臣今幸逢尧、舜，不惧比干之诛。昔汉文时有盗高庙玉环，张释之廷诤，罪止弃市。魏文将徙其人，辛毗引裾而谏，亦见纳用。〔1〕且明主可以理夺，忠臣不可以威惧。今陛下不纳臣言，瞑目之后，羞见释之、辛毗于地下。陛下作法，悬之象魏，徒流死罪，俱有等差。岂有犯非极刑，即令赐死？法既无常，则万姓何所措其手足！陛下必欲变法，请从今日为始。古人云：假使盗长陵一抔土，陛下何以加之？今陛下以昭陵

---

〔1〕按："辛毗判冀州士家徙居案"，也称"辛毗引裾"。《三国志·魏志·辛毗传》载：帝欲徙冀州士卒家十万户实河南。时天旱蝗，民饥，群司以为不可，而帝意甚盛。侍中辛毗与朝臣俱求见，帝知其欲谏，作色以待之，皆莫敢言。毗曰："陛下欲徙士卒家，其计安出？"帝曰："卿谓我徙之非邪？"毗曰："诚以为非也。"帝曰："吾不与卿议也。"毗曰："陛下不以臣不肖，置之左右，厕之谋议之官，安能不与臣议邪！臣所言非私也，乃社稷之虑也，安得怒臣！"帝不答，起入内；毗随而引其裾，帝遂奋衣不还，良久乃出，曰："佐治，卿持我何太急邪！"毗曰："今徙，既失民心，又无以食也，故臣不敢不力争。"帝乃徙其半。

一株柏杀一将军，千载之后，谓陛下为何主？此臣所以不敢奉制杀善才，陷陛下于不道。"帝意稍解，善才因而免死。[1]

判例援引先例"张释之判盗窃高庙玉环案"，重申了犯罪与刑罚相适应，避免畸轻畸重的原则。援引先例"辛毗判冀州士家徙居案"，说明君主应当接受最高司法长官谏诤的必要性。

虽然中国确实存在援引先例作为特定案件判决理由的情况，但是，司法实践和理论界对判例的分析研究不足，相关研究对此重视程度不够，甚至存在有意无意忽视先例关键事实和当下案件关键事实的比较分析。例如，杜佑在《通典》中对"狄仁杰判误斫昭陵柏树案"的介绍，就严重忽视了案件的关键事实："上元三年（676年）九月，左武卫大将军权善才、右监门中郎将范怀义并为斫昭陵柏，大理奏遂欲破其产除名，上特令杀之。大理丞狄仁杰执奏，称不当死。"[2]

《旧唐书》关于"狄仁杰判误斫昭陵柏树案"的记载，重在强调其"误"的行为性质。杜佑则完全忽视了这一点，没有说明权善才等的行为属于"故"或者"误"的主观状态。判例分析方法简单，判例研究理论滞后，影响了判例观念的进步，抑制了判例作用的发挥。

特定案件以先例作为判决的理由，体现了中国司法制度的重要传统。特定案件之所以能够援引先例作为判决的理由，说明君臣对于这些先例非常熟悉，起码对于援引的先例存在共同的价值认知，也能够在先例所倡导的原则方面达成一致的认识。但援引的技术方法单调，效果差强人意。

---

[1]《旧唐书》卷八十九《狄仁杰传》。
[2]《通典》卷一百六十九《刑七·守正》。

第三节　判例的价值取向

一、判例对制定法效力的补强

制定法公布后，需要通过判例确定其含义，界定其范围，补强其效力。《史记·商君列传》描述了商鞅为制定法实施，通过判例方式所采取的系列活动，表明判例对制定法的实施具有效力上的补强作用。商鞅所采取的措施，主要目标是以判例为手段，强调制定法的效力，发挥制定法的作用。

> 令既具，未布，恐民之不信己，乃立三丈之木于国都市之南门，募民有能徙置北门者，予十金。民怪之，莫敢徙。复曰："能徙者予五十金。"有一人徙之，辄予五十金，以明不欺。卒下令。令行于民期年，秦民之国都言初令之不便者以千数。于是太子犯法。卫鞅曰："法之不行。自上犯之。"将法太子，太子，嗣君也，不可施刑。刑其傅公子虔，黥其师公孙贾。明日，秦人皆趋令。行之十年，秦民大说。道不拾遗，山无盗贼，家给人足，民勇于公战，怯于私斗，乡邑大治。秦民初言令不便者，有来言令便者。卫鞅曰："此皆乱化之民也。"尽迁之于边城。其后，民莫敢议令。[1]

商鞅通过判例的具象性，强调了制定法的权威性；通过排除制定法实施的观念和障碍，补强了制定法的效力；通过对诌媚行为的惩罚，保障了法律理解和执行的统一性。

---

[1]《史记》卷六十八《商君列传》。

二、判例对制定法内容的解释与阐发

制定法的特点是高度抽象、概括,判例的特点则是形象、具体。判例是正确理解制定法含义的重要手段。将判例方法引入法典,实现制定法解释的通俗化,是中国古代立法解释的显著特色之一。

《唐律·名例》规定了"本条别有制"律文:"其本应重而犯时不知者,依凡论;本应轻者,听其本。"立法者通过判例,对这一律文进行了解释和说明,为正确理解和适用成文法规则铺平了道路。

> 假有叔侄,别处生长,素未相识,侄打叔伤,官司推问始知,听依凡人斗法。又如别处行盗,盗得大祀神御之物,如此之类,并是"犯时不知"。得依凡论,悉同常盗断。其本应轻者,或有父不识子,主不识奴,殴打之后,然始知悉,须依打子及奴本法,不可以凡斗而论,是名"本应轻者,听其本"。

判例的引入避免了律文繁冗的缺陷,生动的判例较概括、分析等解释方法,更加具有说服力。例文之后注明其形成的例案,有助于通过案例文献澄清歧义,准确理解例文的含义。丰富的判例史料,形成了《唐律疏议》的重要风格。

三、判例对制定法内容的补充和完善

通过判例途径补充和完善制定法,是中国传统法律的重要特征之一。"因案生例的判例形成规则,是指司法官在其司法活动中,针对具体案件的裁判,认为应该通过该案总结、创制出特定法律规范时,便在判决中附请定例。最高统治者以上谕的形式,在对该案作出批结的同时,可以概括出具体的、普遍适用的法律规范,这就是例。"[1]

因案生例是判例形成规则还是制定法形成规则?陈兴良教授认为,例案"只是形成条例的缘由,就条例本身而言是一条法律规则,而非判例。这一条例的形成符合因案生例的特征,但形成的条例是否等同于判例,尤其是因案生例是判例形成机制还是成文法形成机制,则不无商榷之处。我国学者刘笃才提出'判例是可以援引作为审理类似案件的判决'这一命题,以此作为出发点,对判例作了以下界定:判例之所以是判例,必须保持其自身的形态,即作为具体的判决而在其后的司法领域发生法律效力。也就是说,作为后来判决案件的依据的,是某一具体案件的判决,而不是据此判决经过改造已经上升为制定法的抽象的法律条文。根据以上标准,我国古代的例当然是成文法而不是判例。可以说,律例合编的《大清律例》是一部成文法典,而不是成文法与判例法的合编"。[2]

因案生例是判例形成规则,而非制定法形成规则。"《大清律例》是一部成文法典",恰恰说明条例没有被编撰进入法典之前,属于判例。"清代例的删定、编纂是重要的立法活动。自乾隆元年(1736年)起,经刑部奏准,3年修例一次。从乾隆十一年(1746年)开始,确立了5年一修例的制度。具体的修例工作由专门机构律例馆负责。在修例时,主要规范了例文的表达效果,删除和更正了律文与例文、例文与例文之间的重复和矛盾。经过律例馆馆修入律的例,可以认为被纳入了制定法的

---

[1] 汪世荣:"中国古代判例法制度(1996.1)",载武树臣主编:《判例制度研究》(上),人民法院出版社2004年版,第294~301页。

[2] 陈兴良:"从规则体系视角考察中国案例指导制度",载《检察日报》2012年4月19日,第3版。

范畴。"[1]判例的约束力并非来自判决本身，而是判决阐释的法律原则或者规则，即"判决理由"。并非判决本身在发挥约束作用，而是判决理由在发挥约束作用。将判决理由抽象、概括、上升为条例，本身并非立法活动。法典编纂属于立法的性质，纳入了法典的条例，才完成了立法转变，始能被视为制定法。

第四节 判例文化传统的价值

一、规范判例的名称

虽然中国传统社会重视判例的编辑，判例的编辑形成了"事类相从"的固有体例，近代的民国大理院判例汇编也沿袭了这一传统，积累了丰富的判例资源，为民国时期法制的研究提供了宝贵的史料，[2]但是，关于判例编辑理论的研究薄弱，判例名称表述的规范性、统一性没有受到应有的重视。由于判例名称的表述缺乏共识，影响了判例的研究、传播与援引，导致判例制度发展滞后。

《睡虎地秦墓竹简》中的判例，采取问题导向的命名方式，"出子"和"经死"两个判例，形象生动地揭示了判例在检验领域的特点。前者是关于小产、流产的检验判例，后者是关于自缢检验的判例。《奏谳书》中的判例，没有总结、归纳、概括出判例名称，而是用"（一）（二）（三）"等排序。郑克著《折狱龟鉴》则采用案件主要情节的方式命名判例，诸如"丙吉断财"

---

[1] 汪世荣："中国古代判例法制度（1996.1）"，载武树臣主编：《判例制度研究》（上），人民法院出版社2004年版，第294~301页。

[2] 参见汪世荣：《判例与法律发展 中国司法改革研究》，法律出版社2006年版，第75~79页。

"寒郎廷争""孙亮破矢""苻融验走"等。

文学作品中的判例,也表现了多样化的命名方式,大部分以诉讼当事人的姓名为判例的名称,诸如《聊斋志异》中的"胭脂"、戏曲中的"杨乃武与小白菜",有些则采取主要案件情节的方式命名,例如文学作品中的"乔太守乱点鸳鸯谱"、戏曲中的"窦娥冤",等等。时至今日,大众也以当事人的姓名作为案例的名称,诸如"孙志刚案""辛普森案""许霆案""呼格吉勒图案""雷洋案"等,影视作品中有些也以主要案情命名,如《秋菊打官司》《大宋提刑官》,等等。学者关于案例援引规范的讨论,由于不能涵盖上述案例的核心因素,难以被广泛接受和认同。[1]认真研究判例的表述方式和表述规范,形成约定俗成的、广泛认同的、规范有效的判例名称,是判例传播的必要条件。

从文化传承的角度来看,判例制度的名称规范极其重要。判例制度有助于加深对制定法的原则和规范的共识。判例名称的确定是对判例的高度抽象和概括,对理解和援引判例具有提纲挈领的作用。

二、建立判例分析和援引的技术方法

传统判例编辑过程中,重视法律原则和规范的概括与归纳,诸如"张释之判犯跸案"关于法律原则的阐述,等等。缺乏技术层面的分析,甚至对事实的描述,失于简略。这样的判例编

---

[1] "目前《最高人民法院公报》和主要案例汇编上的案例标题有两种表述方式,一种是控辩双方当事人的姓名或名称,中间加上'诉';另一种是列一方当事人的名称和案由。前者主要用于民事案件,后者主要用于刑事案件。所以,引注案例时,应根据案例汇编的案例标题来处理。"罗伟主编:《法律文献引证注释规范》,北京大学出版社2007年版,第19~20页。

辑传统，严重制约了判例分析和讨论的深入进行，也制约了对判例援引技术的研究，乃至对判例本身的援引。

判例援引最重要的是对先例事实的分析，确定关键事实以及与之对应的规范，概括出法律理由。如果事实的记载过于简单，先例对当下案件的适应性分析就无从谈起。判例编辑中关于事实分析缺乏的状况，也导致了相关理论研究的滞后现象。

判例编辑的上述特点，也决定了中国传统律学研究，只能限制在对律、例条文的考察和分析范围之内。《唐明律合编》《读例存疑》《大清律例通考》等传统律学的经典著作，均缺乏判例研究的内容。在当代法学教育和研究中，规范分析仍然是主流方法，关于事实分析、事实认定等问题，没有受到应有的重视。虽然 2010 年最高人民法院公布了《关于案例指导工作的规定》，并明确要求各级法院"审判类似案例时应当参照"。但是，各级法院对公布案例进行"参照"的方式，无法进行实证的考察，"参照"的效果更是无从评估。究其原因，很重要的一点是判例分析和援引的理论研究滞后，不能为案例制度的运行提供具体的指导。

三、发挥判例的实际效用

传统律学研究以规范分析见长，判例的实证分析不足。在《刑案汇览》等经典判例汇编中，缺乏对援引先例的状况进行实证的统计和分析，仅有定性分析方法，缺乏定量分析和研究。"通过对《刑案汇览》的分析和考察，不难发现，清朝的判例适用，注重案件相同和不同情节的比较和权衡，重视区分关键事实，讨论先例与当下案件之间在事实上的相同和不同，确定相同之处抑或不同之处更加重要。"[1]但是，传统律学对判例原理和方法的研究不足，司法实践中判例如何发挥作用、发挥的作用如何等问题，难于从现有的研究成果中得出结论。

判例的观念亟需更新。作为一种资源，司法产品不仅对个案发挥作用，而且对同类纠纷的解决具有规范作用。先例的约束将使司法更加公平、公正，实现对纠纷的有效解决。重视实证方法，关注司法实践的真实运作，总结和提炼司法经验，是实现个案公正的必要条件。实证研究需要司法档案资料的开放，也需要理论界对实证研究方法的自觉。

判例方法和技术，增强了法律的预见性，同时也增强了法律的不确定性，但对于判决而言，无疑增强了其丰富性和说服力。1929年《中华民国民法》第2条规定："民事法律所未规定者，依习惯，无习惯者，依法理。"无论依据法律、习惯还是法理，强调裁判一致性的职业伦理，实行同样问题同样处理，体现了平等原则。只有对案件事实进行准确分析，在明确关键事实的基础上适用法律，更加重视案件事实的作用，才有助于最大限度地实现司法公正。

---

[1] 汪世荣：《判例与法律发展 中国司法改革研究》，法律出版社2006年版，第73页。

第四章 律学文明

古代社会，法律在统一国家和管理社会中发挥着重要作用。为保证司法在时间上、空间上和质量上的统一性，一种讲求"法条之所谓"的官方学说应运而生，这种学说即为律学。律学是"论述以刑罚为主的法律问题的学说"。[1]沈家本认为，律学滥觞于秦，兴于汉，繁荣于魏晋，至宋元以后趋于衰落。程树德谈道："汉晋士大夫，往往治律，马融、郑玄、羊祜、杜预皆律家也。六朝以后，祖尚玄虚，律令科条，委之胥吏，其治此者，非陋则俗，斯学浸微。"[2]怀效锋认为："律学实质上就是中国古代的法学，它发轫于商鞅变法，兴起于汉，繁荣于魏晋，成熟于唐，衰微于宋元，复兴于明，至清而终结。"[3]

第一节　秦汉律学

秦代，出现了中国"第一律"秦律。所谓第一律，就是秦律创制了许多法律原则及名词术语。伴随着具体的原则或法条的问世，律学作为研究具体的法律规则，名词术语之概念特征及量上的规定性学问也应运而生。也就是，有了律，也就有了"律学"。

《睡虎地秦墓竹简》中有《法律答问》，"计简二百一十支，

---

[1] 中国大百科全书出版社编辑部编：《中国大百科全书·法学》，中国大百科全书出版社1984年版，第1页。

[2] 程树德：《九朝律考》，中华书局2003年版，序言。

[3] （清）王明德撰：《读律佩觿》，何勤华等点校，法律出版社2001年版，总序第1页。

内容共一百八十七条，多采用问答形式，对秦律某些条、术语以及律文的意图作出明确解释"。[1]实际上，《法律答问》[2]本身就是秦代律学的作品，整理小组在说明中指出，"秦自商鞅变法，实行'权制独断于君'，主张由国君制定统一政令和设置官吏统一解释法令。本篇决不会是私人对法律的任意解释，在当时应具有法律效力。因此，本篇对于了解秦的法律制度以及社会政治经济状况，具有很重要的史料价值"。[3]

从《法律答问》看，秦律最终要进入司法环节，要对法律的适用情况进行研究，对法律条文进行注释，对概念进行解读，说明在秦朝就存在着一批从事法律研究与律条解释的学者，后世一般称之为律学家，不过他们可能还是秦朝的官员。

两汉时期，律学家通过频繁的法律解释活动，阐释法律条文的义理，提出自己有关法律适用方面的理论，带来了两汉律学的蓬勃发展。学界对两汉律学都有很高的评价。日本著名学者中田薰指出："汉代实际上是中国法律学最为繁盛的时期。"瞿同祖先生认为："但后代法学渐衰，很少像两汉、魏那样专习法律之家。"[4]我国台湾地区学者徐道邻指出："汉朝的律令繁琐，固不免为后人诟病，可是两汉时法律学的发达，我们却不能不为之大书特书"。[5]张金鉴也曾指出："秦汉则轻法理，重律文，

---

[1] 睡虎地秦墓竹简整理小组编：《睡虎地秦墓竹简》，文物出版社1978年版，第149页。

[2] 按：李学勤先生认为《法律答问》"这种法律书籍，类似汉世的'律说'，或可称之为'秦律说'"。见李学勤：《简帛佚籍与学术史》，江西教育出版社2001年版，第104页。

[3] 睡虎地秦墓竹简整理小组编：《睡虎地秦墓竹简》，文物出版社1978年版，第150页。

[4] 瞿同祖：《瞿同祖法学论著集》，中国政法大学出版社1998年版，第12页。

[5] 徐道邻：《中国法制史论略》，正中书局1980年版，第51页。

传授既广，学习亦专，律学颇发达。"[1]

两汉时期，家学兴盛，两汉律学研究也具有世代相传"子孙并世其业"的家传律学特点。陈寅恪曾说："夫汉魏之时，法律皆家世之学。"[2]《南齐书·崔祖思传》载："汉来治律，子孙并世其业，聚徒讲授至数百人，故张、于二氏系誉文宣之世，陈、郭两族流称武明之朝，决狱无冤，庆昌枝裔，槐衮相袭，蝉紫传辉。"如杜周，汉武帝时先后任廷尉、御史大夫等职，受命解释法律，两个儿子"夹河为郡守"，"治皆酷暴"。杜氏家族世传律学，杜周与杜延年父子治律风格各异，世传"大杜律""小杜律"。

东汉中期，也有律学世家出现。《后汉书·郭躬传》载，郭躬家族世代为律家，"父弘，习《小杜律》。太守寇恂以弘为决曹掾，断狱至三十年，用法平。诸为弘所决者，退无怨情，郡内比之东海于公……躬少传父业，讲授徒众常数百人。后为郡吏，辟公府……元和三年（86年），拜为廷尉。躬家世掌法……中子，亦明法律，至南阳太守，政有名迹。弟子镇。镇字桓钟，少修家业……拜廷尉。镇子贺……累迁，复至廷尉。镇弟子禧，少明习家业，兼好儒学，有名誉，延熹中亦为廷尉……郭氏自弘后，数世皆传法律，子孙至公者一人，廷尉七人，侯者三人，刺史，二千石侍中，中郎将者二十余人，侍御史，正，监，平者甚众。实为汉代法家之盛"。《后汉书·陈宠传》载，汉和帝永元六年（94年），陈宠代郭躬为廷尉，掌管中央司法审判工作，针对当时律令制度存在的问题，奏请蠲除苛法，其中说道：

---

[1] 张金鉴：《中国法制史概要》，正中书局1973年版，第42页。
[2] 陈寅恪：《隋唐制度渊源略论稿 唐代政治史述论稿》，生活·读书·新知三联书店2004年版，第116页。

"汉兴以来，三百二年，宪令稍增，科条无限。又律有三家，其说各异。"沈家本认为陈宠所谓"律有三家，其说各异"中的"三家者，不知谁氏，《小杜律》殆是其一家欤？"[1] 程树德也认为："东汉中叶，郭、吴、陈三家，代以律学鸣。"[2] 在这里，程树德认为，东汉中叶，有郭、吴、陈三个律学家集团存在。我国台湾地区学者邢义田先生认为："东汉以后，以律令为家学者，有郭、陈、吴、钟氏可考。"[3]

东汉末期，律学研究活动兴盛一时。《后汉书·应劭传》载，应劭辄撰具《律本章句》《尚书旧事》《廷尉板令》《决事比例》《司徒都目》《五曹诏书》及《春秋断狱》凡二百五十篇。应劭曾经"驳陈忠父母兄弟相代死听赦所代者令"，其律学造诣可见一斑。另外，钟皓可算作一家，《后汉书·钟皓传》载："钟皓，颍川长社人也。为郡著姓，世善刑律。"

西汉时期，律学与经学相互促进，很多经学家就是律学家。邢义田先生认为："汉代律令形成家学，和经学的发展有类似之处，西汉私家传经，因章句解释相异而成门派，律令亦因解释比附之不同而有了武帝时的大杜律和小杜律。"[4]《晋书·刑法志》载："后人生意，各为章句。叔孙宣、郭令卿、马融、郑玄诸儒章句十有余家，家数十万言。凡断罪当用者，合二万六千二百七十二条，七百七十三万二千二百余言。"《晋书·刑法志》记载，魏明帝鉴于后汉十余家诸儒章句同时行世，导致的"言

---

[1]（清）沈家本撰：《历代刑法考》，邓经元、骈宇骞点校，中华书局1985年版，第1746页。

[2] 程树德：《九朝律考》，商务印书馆2003年版，第175~176页。

[3] 邢义田："秦汉的律令学——兼论曹魏律博士的出现"，载黄清连主编：《制度与国家》，中国大百科全书出版社2005年版，第119页。

[4] 邢义田："秦汉的律令学——兼论曹魏律博士的出现"，载黄清连主编：《制度与国家》，中国大百科全书出版社2005年版，第117页。

数益繁,览者益难"的情况,下令"但用郑氏章句,不得杂用余家",确定了郑氏章句的唯一合法性。

自西汉武帝时起,随着儒家正统思想登上历史舞台,经学大师通过著书立说阐明自己的法理念。如"故胶(东)西相董仲舒老病致仕,朝廷每有政议,数遣廷尉张汤亲至陋巷,问其得失。于是作《春秋决狱》二百三十二事,动以经对,言之详矣"。关于《春秋决狱》的性质,徐世虹认为:"《春秋决狱》决不仅仅是一部经学著作,它既然是一部以经义代替法律的判例集,便具有指导法律实务的功能。"[1]因此,董仲舒的《春秋决狱》具有判例集与律学著作的双重性。由于董仲舒的倡导,引经决狱在司法实践中通行,并具有法律效力,尤其对后世司法产生了深远影响。

以儒家慎刑思想为核心的法律适用主张,在司法实践中得到具体操作和适用。陈忠则提出了具体的宽刑慎刑主张,《后汉书·陈忠传》载,陈忠"上除蚕室刑;解臧吏三世禁锢,狂易杀人,得减重论;母子兄弟相代死,听,赦所代者。事皆实行"。

律学进步,律学家关于司法实践具有法律效力的言论激增。这一时期,十余个律学流派,不论其观点、言论是否互相抵牾,均可在司法实践中通行而具有法律效力。从此可以看出,东汉中期以后律学家法律解释权的扩张,反映了这一时期律学研究活动的兴盛及律学家地位的提升,以及整个社会人们对律学研究的认同和统治者对律令学的重视,无怪乎法律史学界给予两汉律学以极高的评价,自然不能忽略两汉律学家通过其法律解释权的运用为两汉律学勃兴作出的巨大贡献。

---

[1] 徐世虹主编:《中国法制通史·第二卷·战国秦汉》,法律出版社1999年版,第216页。

东汉时期，律令学更进一步演化为律章句学说。所谓律章句学通常是指离章析句，求义明理。律章句学是汉儒采用训诂学方式分析汉律，阐发义理的一种方式。东汉时期，律学家在进行离章析句时，主要以法律概念为出发点，此时的律学活动绝大多数时候是对法律概念进行界定和阐发。

一是引律注经。如郑玄在注释《周礼》时共征引汉律四十一例，其中在注释《周礼·秋官·司刺》"三赦"时说，若今之律令，"年未满八岁，八十岁以上，他皆勿坐"。也就是说八岁以下小儿，八十岁以上老人属于三赦的范围，一般犯罪行为不承担刑事责任。何休注《春秋公羊传》时亦征引汉律十例。这种引律注经的成果是否属于律令学的范畴呢？徐世虹认为，引律注经应当是两汉律令学研究的方法之一，"这种以律释经的成果，也有可能构成律令章句学的内容"。[1]

二是引经注律。《说文解字》在对"弑"字进行解释时说：弑，杀君也。《易》曰："臣杀其君。"从杀省，式声。东汉郭躬引儒家经义对法律概念进行解释，如《后汉书·郭躬传》载，东汉明帝时，有兄弟共杀人，明帝认为兄未尽到训弟之责，故重处兄而减弟死罪。中常侍孙章宣诏，误言两者皆重处，尚书奏孙章矫制，罪当腰斩。帝诏郭躬问之，躬对："（孙）章应罚金。"明帝曰："章矫治杀人，何谓罚金？"躬解释说："法令有故，误，章传命之谬，于事为误，误者其文则轻。"明帝又问："章与囚同是，疑其故也。"躬引《诗经·小雅》之文："周道如砥，其直如矢。"又引《论语》孔子之言："君子不逆诈。"然后奏曰："君王法天，刑不可委屈生意。"明帝终于被说服，

---

[1] 徐世虹主编：《中国法制通史·第二卷·战国秦汉》，法律出版社1999年版，第234页。

高兴地说:"善。"在这里郭躬引《诗经》《论语》中的儒家经义作为立论依据,对汉律中的概念"故""误"作出解释,认为君主不可"委屈生意",随意将"误"臆断为"故"。

汉代重视法律知识的普及。汉代的字书有《苍颉篇》《训纂篇》《滂喜篇》《凡将篇》《急就篇》等,现在保留下来的有《急就篇》,其中包含了初步的律令治狱知识,学童一边识字,一边对汉代的律令知识有了一定的认识,能够学习初步的法律知识。王应麟校《急就篇》记载:

> 皋陶造狱法律存,诛罚诈伪劾罪人,廷尉正监承古先,
> 总领烦乱决疑文,变斗杀伤捕伍邻,亭长游徼共杂诊,
> 盗贼系囚榜笞臀,朋党谋败相引牵,欺诬诘状还反真,
> 坐生患害不足怜,辞穷情得具狱坚,藉受证验记问年,
> 闾里乡县趣辟论,鬼薪白粲钳釱髡,不肯谨慎自令然,
> 输属诏作溪谷山,箙筱起居课后先,斩伐材木斫株根,
> 犯祸事危置对曹,谩訑首匿愁勿聊,缚束脱漏亡命流,
> 攻击劫夺槛车胶,啬夫假佐扶致牢,疾痛保辜啼呼号,
> 乏兴猥逮词讇求,辄觉没入檄报留,受赇枉法愤怒仇。

两汉特殊的官吏选拔方式,为两汉律学家用儒术阐释法律,引经注律,引经决狱提供了方便。许多律学家也是经学家。《汉书·路舒温传》载:"路舒温,少为狱小吏,学律令,又受《春秋》,通大义。"《汉书·董仲舒传》载:"少治《春秋》,孝景时为博士。"汉武帝时举贤良,任命董仲舒为江都、胶西两王相。董仲舒在司法实践中常用春秋经义审理案件,既是儒者也是律学家、司法官员。汉武帝时期的廷尉张汤不通儒经,但《汉书·张汤传》载,张汤为廷尉决大狱,欲傅古义,乃请博士弟子治《尚书》《春秋》,补廷尉史,平亭疑法。《后汉书·陈宠传》载,

廷尉陈宠，出身法律世家，"数议疑狱，常亲自为奏，每附经典，务从宽恕"，"宠虽传法律，而兼通经书，奏议温粹，号为任职相"。《后汉书·郭躬传》载，廷尉郭躬出身法律世家，"少明习家业，兼好伟儒学，有名誉"。因郭氏家族世传《小杜律》，郭躬、郭弘等人对儒家经典都有深刻的理解。《后汉书·应劭传》载，应劭"少笃学，博览多闻"。《后汉书·许慎传》载，东汉许慎"博学为经籍"。律学家精通儒术，能够用儒家经典阐发法律之义理，用经义决狱对法律条文进行司法解释。

总之，两汉律学兴盛有以下原因。

第一，春秋决狱发其端，章句注释继其后，推动了传统法律的儒家化，也促进了两汉律学的兴盛。试举一例：

> 甲父乙与丙争言相斗，丙以佩刀刺乙，甲即以杖击丙，误伤乙，甲当何论？或曰殴父也，当枭首。论曰，臣以父子至亲也，闻其斗，莫不有怵怅之心，扶杖而救之，非所以欲诟父也。《春秋》之义，许止父病，进药于其父而卒，君子原心，赦而不诛。甲非律所谓殴父，不当坐。[1]

从这则案例中可以看出"三纲"的思想已经开始渗透到司法审判中。同时，"原心定罪"为后世律学家所继承。《春秋繁露·精华》载："《春秋》之听狱也，必本其事而原其志。志邪者不待成，首恶者罪特重，本直者其论轻。"这充分显示了在听狱时，要分析行为人的主观动机、犯罪目的等因素。

第二，私家注律、讲习法律成就斐然。《晋书·刑法志》载，"诸儒章句十有余家，家数十万言"，可猜想当时律学研究之盛况。近人程树德在其《九朝律考·汉律考》中独列"律家

---

〔1〕《太平御览》卷六百四十《刑法部六》。

考"一卷，共收入律家七十多人。有深受法家影响者，如阳球"性严厉，好申韩之学"；樊晔"政严猛，好申韩法，善恶立断"；公孙弘"少时为狱吏，习文法吏事，缘饰以儒术"；何比干"经明行修，兼通法律"，"武帝时为廷尉正，与张汤同时，汤持法深，而比干务仁恕，数与汤争，虽不能尽得，然所济活者以千数"；陈球"少涉儒学，善律令"。不同学术背景的人加入注律行列，推动了世代相传的律学世家的形成，他们把自己司法审判的经验和教训加以总结，具有较高的价值。这对汉律学的发展起到了巨大的推动作用。

第三，在经学学术研究处于统治地位的汉代，律学的发展受经学影响颇深。从律家的知识背景就可以说明这一点。如郑昌"皆明经，通法律政事"，何比干"经明行修，兼通法律"，梁松"少为郎，博通经书，明习故事"，王涣"习尚书，读律令，略举大义，为太守陈宠功曹"。

第二节　魏晋律学

魏晋律学在传统律学的发展历程中具有里程碑的意义。这一地位的获得，与秦汉以来律学发展的成果积淀是决然分不开的。

三国时期，三足鼎立，战乱未平，统治者尚无暇立法，基本上沿用汉时律令。《晋书·刑法志》有云："天子又下诏，改定刑制，命司空陈群、散骑常侍刘邵、给事黄门侍郎韩逊、议郎庾嶷、中郎黄休、荀诜等删约旧科，傍采汉律，定为魏法制新律十八篇。"《新律》十八篇"凡所定增十三篇，就故五篇，合十八篇"。据《晋书·刑法志》记载，所增十三篇为《刑名》《劫略》《诈律》《毁亡》《告劾》《系讯》《断狱》《请赇》《兴擅》《留律》《惊事》《偿赃》《免坐》。同时《新律》制定者认为"旧律（指《汉律》）因秦法经，就增三篇，而具律不移，因在第六。条例既不在始，又不在终，非篇章之义。故集罪例以为刑名，冠于律首"。对此立法活动，近人程树德在其《九朝律考·魏律考序》中评价道："其体例之善，比附之严，亦有未可轻议者。"

曹魏末，司马氏家族发动政变，亦重视法令之制定。《晋书·刑法志》载："文帝为晋王，患前代律令本注烦杂，科网本密……于是令贾充定法律，令与太傅郑冲，司徒荀顗……十四人典其事，就汉九章增十一篇，仍其族类，正其体号，改旧律为刑名、法例……合二十篇……蠲其苛秽，存其清约，事从中典，归于益时。其余未宜除者……故不入律，悉以为令……凡律令合二千九百二十六条，十二万六千三百言，六十卷，故事三十卷……四年正月，大赦天下，乃班新律。"

魏晋律学家已开始关注立法体系的逻辑结构，并在立法实践中予以改革。战国魏文侯师李悝集诸国刑典，着《法经》六篇。《晋书·刑法志》载："悝……以为王者之政，莫急于盗贼，故其律始于盗贼。"《唐律疏议·名例》载："商鞅传授，改法为律。汉相萧何，更加悝所造户兴厩三篇，谓九章之律。"由此可知，《具律》由李悝时起至魏新律颁行前一直处于法典编纂的第六位，魏立法者认为"罪条例既不在始，又不在终，非篇章之义"，"故集罪例以为刑名，冠于律首"。《泰始律》又于《刑名》之后，新增《名例律》一章，后至北齐律合《刑名》《法例》为《名例》一篇，后世相沿不改。对于《刑名》一章的性质、内容、地位，明法掾张斐有精辟的论述："律始于刑名者，所以定罪制也……《刑名》所以经略罪法之轻重，正加减之等差，明发众篇之多义，补其章条之不足，较举上下纲领。"在律令的划分、整合上，魏晋立法也较为成功。汉代律令划分以时间先后为依据。杜预认为律令之区分应该是"律以正罪名，令以存事制"。显然这一划分标准更为科学。所以在定新律时，同时又编写了《军中令》《尚书官令》《邮驿令》。这一点对后世立法影响深远，首先，它合理地解决了律令关系，确保了律作为根本大法的地位，又使令充分发挥了灵活性，以解决社会生活变化多端所造成的立法滞后的难题。其次，它有助于解决立法体系的繁简问题。

律学研究者已开始认识到法律之学乃为一门专门学问。《晋书·刑法志》载："卫凯又奏曰：刑法者，国家之所贵重，而私议之所轻贱；狱吏者，百姓之所悬命，而选用者之所卑下。王政之弊，未必不由此也。请置律博士转相教授。"这一提议对后世颇有影响，具有丰富的法文化内涵。《唐六典》对律博士的官秩、所属机构、设置朝代均有记载："东晋宋齐并同，梁天监四年（505年），廷尉官属，置胄子律博士，位视员外郎第三班。陈律博士秩六百石，品第八，后魏初律博士第六品，太和二十二年，为第九品上，北齐大理寺官属，有律博士四人，第九品上，隋天理寺官属，有律学博士八人，正九品上，皇朝省置一人，移属国学。"

沈家本对这一法文化现象提出了自己的见解，他将律博士之设与废和律学的兴与衰结合起来考察，在《设律博士议》一文中指出："律博士一官，其所系甚重而不可无者也。法律为专门之学，非俗吏之所能通晓，必有专门之人，斯其析理也精而密，其创制也公而允。以至公允之法律，而运至精至密之心思，则法安有不善者。及其施行也，仍以至精至密之心思，因此至公至允之法律，则其论决又安有不善者。"可谓至情至理之论也。

魏晋时期，律学家不论身为立法者，抑或司法官，大都参与律学研究，且多有律学著作。魏晋律学著作大都已经散佚，但从后世史书《经籍志》记载中大致还是能猜想到当时律学研究领域之广，成就之高，作品之多。《魏书·刘劭传》载："刘劭，广平邯郸人也。明帝即位，与议郎庾嶷荀诜等定科令，作新律十八篇，着《律略论》。"《隋书·经籍志》载，"刘劭《律略论》五卷"，"《汉晋律序注》一卷，晋张斐撰"，"《律本》二十一卷，杜预撰。《杂律解》二十一卷，张斐撰"。《新唐书·艺文志》载："张斐《律解》二十卷。"《新唐书·艺文志》载："贾充杜预《刑法律本》二十一卷"。《晋书·杜预传》载："杜预字元凯，与车骑将军贾充等定律令，既成，预为之注解。"《刘颂传》载："上书论律令事，为时论所美。"[1]然而，这些律学论著大都亡佚，现在能见的多存于《晋书·刑法志》。如明法掾张斐为《泰始律》作注所上的表[2]和刘颂的表文。为何仅凭两道表文就猜想当时律学发展的概况与成就呢？首先，两人为朝中大臣，能如此开诚布公地谈论批评立法、司法，可见当时学术风气之宽松、自由，这为律学发展营造了良好的氛围。其次，时人律学研究的成果，势必有相互借鉴、吸收之处。最后，从张斐《注律表》可以看出，当时律学研究的领域囊括了人们对法律性质的认识，法律基本概念的界定，法典编纂的逻辑体系，法律运用、审判心理以及司法人员职业素质等方面的内容。

魏晋时期的律学开始关注法律的本质。张斐《注律表》载，"夫律者，当慎其变，审其理"，到底何者为"理"，张斐并未

---

[1]《晋书》卷四十六《刘颂传》。
[2] 学界对此称谓迥异：《律注表》《注律表》《律注要略》，在此从《注律表》一说，下文同。

直接回答，然而他却从其他方面间接论述了这个问题。其谈道，"理者，求情之机"，此处"机"当为"关键，要领"之意；又谈道，"自非至精不能极其理也"，"然后乃可以理直刑正"，"夫理者，精玄之妙，不可以一方行也；律者，幽理之奥，不可以一体守也"。可见，他只是从"理"的地位、作用、特征方面作了描述，以现今法理学看来，他关注的问题似可归纳为法律产生、存在的终极依据是什么。在此笔者冒昧揣测一下他理解的"理"，似应包括法律儒家化以后确立起来的三纲伦理道德、德主刑辅的法律思想，以及中国传统的天人合一的哲学思想。如在《注律表》开头他谈道，"王政布于上，诸侯奉于下，礼乐抚于中，故有三才之义焉，其相须而成，若一体焉"。君臣各守其位，各司其职，显而易见。在论述刑罚之轻重与区别时，他认为，"刑杀者是冬震曜之象，髡罪者似秋凋落之变，赎失者是春阳悔吝之疵也"，显然有天人合一的思想。当然这一思想发端甚早。如在先秦时期，人们已经认识到躬行"天罚"须合天意。《礼记·月令》载，"仲春之月……命有司，省囹圄，去桎梏，毋肆掠，止狱讼"，"孟秋之月，命有司，修法制，善囹圄，具桎梏"。《盐铁论》中桓宽认为，"春夏生长，利以行仁。秋冬杀藏，利以施刑"。

律学家对刑法的基本概念作了很出色的研究。如张斐在《注律表》中对《晋律》的二十个名词作了界定。以现代刑法理论观之，大体包括犯罪的主观方面，犯罪主体，犯罪未完成形态，犯罪对象及某些罪名。先来看一下他对犯罪主观方面的研究："知而犯之谓之故，意以为然谓之失……不意误犯谓之过失。"在定罪量刑时充分考虑犯罪者的主观心态，汉代董仲舒以春秋大义决狱，提倡"原心定罪"，与此可谓一脉相承，然至晋张斐对此作了简单明了又深得其义的概括。沈家本在《论故杀》

一文中谈道:"《晋书·刑法志》张斐《注律表》:其知而犯之,谓之故。……言律义之较名凡二十,此其一也。似系汉、魏法家相传之旧说,张特揭其要于《表》中。'故'字之义,自当以此为定论。""将害未发谓之戕。""戕"有杀害,杀伤之意,然此处将其解释为"将害未发",应该说和现代刑法中犯罪未完成形态中的"犯罪预备"含义相当。另外,"不道""不敬""恶逆"等罪名对后世影响颇为深远。当然他的解释中还涉及一些侵犯财产的犯罪,如"背信藏巧谓之诈","取非其物谓之盗",可以说是抓住了这类犯罪最核心的特征,对现今立法术语的表述尚存影响。

律学家对法典编纂的逻辑体系作了开创性的研究,主要是对刑名法例在整个律典中的认识。李悝著《法经》六篇,《具律》位第六,秦汉时法典循而不改,《新律》制定者以为"罪条例既不在始,又不在终,非篇章之义","故集罪例以为刑名,冠于律首"。

至张斐《注律表》时,《泰始律》又在《刑名》之后加《法例》一章,他认为,"刑名所以经略罪法之轻重,正加减之等差,明发众篇之多义,补其章条之不足,较举上下纲领。……告讯为之心舌,捕系为之手足,断狱为之定罪,名例齐其制"。随后又进一步谈道:"律之名例,非正文而分明也。"大意是即使没有律文正条的明确规定,懂得事理、原则,定罪量刑,也能明确掌握。可见,晋律学家已认识到并开始解决立法中如何做到以简驭繁这个困扰历代立法者的问题了。同时他也谈道:"律始于刑名者,所以定罪制也;终于诸侯者,所以毕其政也。"从此文中可以看到,他的律学研究有两点弥足珍贵:一是已经不再仅仅局限于对部分条文的注释,而是将律典作为一个整体来追寻背后隐藏的法理;二是对《刑名》的性质、地位和指导意义有接近本真的认识。

律学家对律典中规定的犯罪构成极为近似的罪名进行了精确的辨析。张斐《注律表》载:"律有事状相似而罪名相涉者,若加威势下手取财为强盗,不自知亡为缚守,将中有恶言为恐吓,不以罪名呵为呵人,以罪名呵为受赇,劫召其财为持质。此六者,以威势得财而名殊者也。"很显然,他举例认为这些犯罪情节有较明显的差异,相比较来说,辨清罪名不为难事。然而,"即不求自与为受求,所监求而后取为盗赃,输入呵受为留难,敛人财物积藏于官为擅赋,加殴击之为戮辱",这些犯罪,则要结合犯罪者的主体身份、犯罪方法详加辨析,方能罚当其罪。从对财产性犯罪的辨析过程可以推测他在其他性质的犯罪理论上也有不凡的建树。

律学家也非常重视法律适用过程中的诸多问题。魏晋律学家在这方面进行了有益的探讨,并对现实法律活动进行了严肃的批评。因为现实生活与法律条文之间存在差距,所以他们认为,"夫律者,当慎其变,审其理。若不承用诏书,无故失之刑,当从赎。谋反之同伍,实不知情,当从刑。此故失之变也……如此之比,皆为无常之格也"。充分说明适用法律时,要结合现实生活中的真实情况,对律文加以变通适用,才能对情可矜者予以宽宥,对罪大恶极者施以严惩。刘颂为三公尚书时,针对"法渐多门,令甚不一"上疏皇帝,他认为这一现象产生的原因在于"陛下为政,每尽善,故事求曲当,则例不得直;尽善,故法不得全","夫法者,固以尽理为法,而上求尽善,则诸下牵文就意,以赴主之所许,是以法不得全"。在谈到"法多门,令不一"的危害后果时,他认为,"则吏不知所守,下不知所避。奸伪者因法之多门,以售其情,所欲浅深,苟断不一,则居上者难以检下,于是事同议异,狱犴不平,有伤于法"。同时他也提出了解决这一问题的方法:"天下万事,自非斯格重为……不得出以意妄议,其余皆以律令从事。然后法信于下,人听不惑,吏不容奸,可以言政。人主轨斯格以责群下,大臣小吏各守其局,则法一矣。"从这些论述中,大略也可以看出维护法律权威性的可贵思想。

在定罪量刑的过程中,魏晋律学家主张以律文正条为准则。张斐《注律表》认为:"夫刑者,司理之官;理者,求情之机。"刘颂也认为,"又律法断罪,皆当以法律令正文,若无正文,依附名例断之,其正文名例所不及,皆勿论","唯当奉用律令","唯得论释法律,以正所断,不得援求诸外"。比如唐律就吸收这一思想,《唐律疏议》载:"诸断罪皆须引律令格式正文,违者笞三十。"当然类似的规定,也见于《尚书·吕刑》中的记载:"哀敬折狱,明启刑书胥占,咸庶中正。其刑其罚,其审克之。"这一论述,现今有学者将其解读为"罪刑法定"的原则,应有合理之处,尽管在封建社会君主言出法随,并不一定能遵行这种原则。然而作为刑事法理论,却充分说明了律学当时的成就。

作为法律运行过程中的重要一环,审判活动是以求得实情,定其纷争,罚当其罪为主要任务的。对于如何求得实情,魏晋律学家在吸收前人既有成果的同时,又提出了自己的观点。《周礼·秋官·小司寇》载:"以五声听狱讼,求民情。一曰辞听。观其出言,不直则烦。二曰色听。观其颜色不直则赧然。三曰气听。观其气息不直则喘。四曰耳听,观其听聆不直则惑。五曰目听。观其眸子视不直则眊然。"

董仲舒以春秋决狱,谈道,"《春秋》之义,许止父病,进药于其父而卒,君子原心,赦而不诛",是为"原心定罪"之论。张斐在《注律表》中谈道:"论罪者务本其心、审其情,精其事,近取诸身,远取诸物,然后乃可以正刑。"其中"本其心"和董仲舒"原心定罪"有明显的承继关系。张斐进一步谈道:"心感则情动于中,而形于言,畅于四支,发于事业。是故奸人心愧而面赤,内怖而色夺……仰手似乞,俯手似夺,捧手似谢,拟手似诉,拱臂似自首,攘臂似格斗。"这对前代的司法审判经验作了继承和发展。

司法人员的职业素质也是魏晋律学家关注的领域。《孟子·离娄上》载:"徒善不足以为政,徒法不能以自行。"可见,法律规范要起到实效,还必须依赖于公众对法律活动的积极参与和司法者明察秋毫之后的合理运用。而司法者要做到这一点则需要全面的职业素质。西周时就已经注意到司法者的职业素质问题。《尚书·吕刑》载:"非佞折狱,惟良折狱,罔非在中。"当然这里"良"的标准还较为模糊,但也反映了对司法官人品的关注。张斐《注律表》载:"夫奉圣典者若操刀执绳,刀妄加则伤物,绳妄弹则侵直。"刘颂认为:"故小有所得者,必大有所失;近有所漏者,必远有所苞。故谙事识体者,善权轻重,不以小害大,不以近妨远。"可见这时律学家已充分认识到司法在社会生活中的重要性,在现今看来司法应当是社会公正实现的最后一道防线,所以司法官应当谨慎,要有全局意识,要在法律之理与人们权益中寻求平衡点。张斐《注律表》还进一步系统地论述道:"通天下之志唯忠也,断天下之疑唯文也,切天下之情唯远也,弥天下之务唯大也,变无常体唯理也,非天下之贤圣,孰能与于斯!"对司法官的职业素质有了全面而严格的要求。

魏晋律学家有相当一部分作为立法者、司法官,有更多的机会直面司法实践,能够及时发现法律适用中的弊病,可以说,更多的是从法律本身去探究,使律学有了充足的发展空间。魏晋时期立法简约，为了辨明律意，探求立法的本意，就需要对法律进行解释，也就是说司法活动呼唤律学的昌明。

魏晋律学秉承了"既释律又尊儒，既宣法又承德，两者紧密结合"的传统，但在律学传统中却也作出了独特的贡献。

魏晋律学的知识已经体系化。秦代律学集中于法令的解释，至汉代律学大体分为经义律学和章句律学。经义律学刻意将儒家经典比附法律，造成了法制的混乱，章句律学则主要以训诂学为方法阐释法律。魏晋律学则既关注法律的基本概念、法律原则、法典的体系和法理学研究，又关注法律适用、法律与社会、法律与道德的关系，还论及司法人员的职业素质，体系是非常完备的。

魏晋律学家对于刑名的地位、性质、作用有非常精湛的研究，而最值得称道的是，其认识到将刑名与律条结合在立法中起到以简驭繁的效果，对于法律基本概念能够做到高度抽象概括，简明定义。

第三节　唐宋律学

自南北朝设律博士一职，对律学传承和律学研究起到了至关重要的作用。沈家本在《设律博士议》一文中指出："卫觊于是有设律博士之请。自是之后，迄于赵宋，代有此官。虽历代当局之人，或视为重要，或视为具文，所见不同，难归一致，然赖有此一官，而律学一线之延遂绵绵不绝。"

以《永徽律疏》为代表的唐代律学，标志着传统律学进入成熟阶段。贞观初年，在长孙无忌等人主持下，众多律学家参与，历经十年，以《开皇律》《武德律》为基础修订出一部"一准乎礼，得古今之平"的完备律典——《贞观律》。永徽初年，长孙无忌等人广召解律专家,编制《永徽律》十二篇,于永徽二年(651年)颁行全国。为了阐明《永徽律》的立法原则与精神实质,并对律文进行统一的解释,长孙无忌等人本着"网罗训诰,研核丘坟"[1]的精神,对《永徽律》逐条逐句作出诠释和疏释,并设置问答,辨异析疑,申明其深义,补充其不周不达之处,经皇帝批准,于永徽四年(653年)颁行,称为《永徽律疏》,疏文附于律文之下,与律文具有同等的法律效力,"自是断狱者皆引疏分析之"[2]。《永徽律疏》以疏文附于律文后,是唐人在总结魏晋注释律学基础上的新发展,它更便于执法者领略律意,避免在实施中出现偏差。《永徽律疏》既有对法律精神、法律原则与名词术语的规范性解释,也有对实际操作中可能发生的问题进行预见和处理,表明律学达到新的高度。

自宋至元,律学逐渐衰微。宋初制定《宋刑统》时,对唐律作了一番研究,《宋刑统》就其律文而言,只是唐律的翻版,除"折杖法"外,很少增损,甚至连唐律的律疏也一并照录。但它收集了自唐代开元二年(714年)到宋初建隆三年(962年)近一百五十年的敕、令、格、式中的刑事规范,加以审定和汇编,并在唐律十二篇下又分二百一十三门,以便司法适用。由于经魏晋至唐五百年的创造和发展,唐律已臻完备,礼法结合也已完成,基本上照搬唐律的《宋刑统》终宋之世用之不改,其因时制宜的可变因素由"编敕"来体现,《宋律》因而失去了改进的需求,宋律学也就自然受到社会的冷落,日渐沦为小道末学。宋朝仅有孙奭的《律音义》、傅霖的《刑统赋》等律

---

[1]《唐律疏议·进律疏表》。
[2]《旧唐书》卷五十《刑法志》。

学著作，律学研究成果寥若晨星。元代，代表汉文化的唐宋法律体系在整体上被弃而不用，附生于该法律体系的律学也几乎无人问津。

第四节　明清律学

明初制定《大明律》时，丞相李善长建议"今制宜遵唐旧"[1]，明太祖采纳之，并命儒臣同刑官讲解唐律，日进二十条，共同研究探讨。《大明律》篇目一准于唐，既而重作修订。洪武三十年（1397年）颁布的《大明律》，既脱胎于唐律，而又不同于唐律，它改用七篇体例，三十卷，四百六十条，并将"服制图""六赃图"等图表置于律首，使法典体例更趋合理、简明。《大明律》比唐宋律有所发展，表明明初律学研究的独到与精深。

朱元璋不仅重视立法，尤"恐小民不能周知，命大理卿周桢等取所定之律令，自礼乐、钱粮、制度、选法外，凡民间所行之事，宜类聚成编，训释其义，颁之郡县"，[2]是为《律令直解》。这部官方注释律令的成果，开一代注律之风。

明中叶以后，条例日益繁多庞杂，律例之间矛盾突出，法律应用歧异纷呈，迫切需要对法律的解释和适用进行准确界定。但由于明中叶以后，明政治极端腐败，宦官擅权，皇帝昏庸，已经无暇也无力组织较大规模的官方注律，而一委于私家。只要体现国家的立法意图，符合当政者的利益需求，有利于当代法律的贯彻实施，私家注律不仅被认可，而且受到鼓励，从而

---

[1]《明史》卷九十三《刑法志》。
[2]《明史》卷九十三《刑法志》。

促使律学在明代复苏,其成果层出不穷,蔚为壮观,具有影响力的释律著作不下二三十种,如雷梦麟的《读律琐言》、王肯堂的《律例笺释》、张楷的《律条疏议》、彭应弼的《刑书据会》、唐枢的《法缀》等,都是私家注律的扛鼎之作。

清朝的法制建设,以"详译明律,参以国制"为立法原则,力图保持法律制度的连续性,历次制定法典都着重保持明律原貌,以此维护贵族的封建专制统治。《大清律例》在结构上与《大明律》相同,分名例、吏、户、礼、兵、刑、工七篇,三十门,律文四百三十六条,律后附例。从雍正五年(1727年)颁行《大清律集解》起,律文便被确认为子孙世代遵守的成法,不再修改,只是因时制宜随时修纂条例,加以小注,来补充和修改律文的不足,即所谓"律设大法,例顺人情"。

清朝立法体制所形成的律例关系,以及例因事变迁而急剧滋生所造成的抵牾和失衡,阻碍了对法律的遵行,这就要求律学家阐明律例关系,增强适用法律的准确性,提高司法的效率,从而为私家注律和律学的发展提供了广阔的天地。清代律学集传统律学之大成,是历史上私家注律的鼎盛阶段,流派纷呈,注家辈出。他们源于传统,而又不简单重复和模仿传统,在共同的倾向性中表现出了多姿多彩的注释内容与千变万化的注释风格。他们各有专长与侧重面,彼此影响,互相推动,是传统律学在终结阶段不同凡响的绝唱。清代律学的主要成果有:陆柬的《读律管见》、王明德的《读律佩觿》、沈之奇的《大清律辑注》、夏敬一的《读律示掌》、吴坛的《大清律例通考》、万维翰的《大清律例集注》和《名法指掌》、程梦元的《大清律例歌诀》、薛允升的《唐明律合编》和《读例存疑》、沈家本的《汉律摭遗》等。

第五节　陕派律学

刑部作为朝廷"天下之刑名总汇",往往聚集了一批精通律例的法律人才。因缘际会,晚清同光之际在刑部逐渐形成了两个律学学派,即"陕派律学"和"豫派律学",分别以陕西、河南籍人士为主,在传统的律例之学上卓然有成,且各具学术特点。豫派律学以"简练"为主,陕派律学以"精核"为主。豫派律学早衰,相反陕派律学却人才济济,学术成就斐然,学术著作流传于世,受到当时及后来学者的称誉。

陕派律学和豫派律学的说法,应当首先是由沈家本提出来的。他在《大清律例讲义》"序"中说:"独是《律例》为专门之学,人多惮其难,故虽著讲读之律,而世之从事斯学者实鲜。官西曹者,职守所关,尚多相与讨论。当光绪之初,有豫、陕两派,豫人以陈雅侬、田雨田为最著,陕则长安薛大司寇为一大家。余若故尚书赵公及张麟阁总厅丞,于《律例》一书,固皆读之讲之而会通之。余尝周旋其间,自视弗如也。近年则豫派渐衰矣,陕则承其乡先达之流风遗韵,犹多精此学者。韩城吉石生郎中同钧,于《大清律例》一书,讲之有素,考订乎沿革,推阐于义例,其同异轻重之繁而难纪者,又尝参稽而明辨之,博综而审定之,余心折之久矣。"

另一位提到陕派律学和豫派律学的是董康,他在《清秋审条例》中讲:"凡隶秋曹者争自磨砺,且视为专门绝学。同光之际,分为陕、豫两派,人才尤盛。如薛允升云阶、沈家本子惇、英瑞凤冈皆一时已佼佼者。"[1]董康还在《我国法律教育之历史谭》一文中指出了陕派律学和豫派律学形成的原因。他说，清代学校之科目"一以经义及策论为主，并缺律令一课，固无足称为法律教育"。但在刑部，其官员大多为进士或拔贡出身，在签分到部后，由于职责所在，这些官员"一方读律，一方治事。部中向分陕豫两系，豫主简练，陕主精核"[2]。

沈家本、董康二人都曾长期在晚清的刑部供职，对于其中的情形非常稔熟，对秋曹掌故了如指掌，那么，晚清刑部分陕豫两派的说法必确信无疑。

有清以来，陕籍人士任职刑部且有声望和影响者，代不乏人，但都没有出现所谓的陕派律学。吉同钧在《薛赵二大司寇合传》中指出："秦人钟西岳秋肃之气，性情多刚强严威，故出仕之后，其立功多在刑曹。前清入关之初，第一任刑部尚书则为宝鸡党崇雅，诘奸刑暴，颇立功业。然以明臣而仕清，入于《二臣》之传，识者鄙之。康、雍之间，韩城张廷枢作大司寇，崇正除邪，发奸摘伏，权幸为之敛迹，天下想望丰采，然太刚则折，卒罹破家亡身之祸。后虽昭雪，追谥文端，然律以明哲保身之道，未免过于戆直也。"

乾隆朝又有王士棻、嘉庆朝有王澧中、道光朝有尸谏的王鼎等，其生平事迹屡见于《清史稿》《清史列传》《续修陕西通志稿》和清人的笔记中，其事功声名都远在薛允升之上。但陕派律学的形成应在同光时期，与薛允升个人有着莫大的关系。换句话说，没有薛允升，就不可能有陕派律学。

---

[1] 何勤华、魏琼编：《董康法学文集》，中国政法大学出版社2005年版，第420页。

[2] 何勤华、魏琼编：《董康法学文集》，中国政法大学出版社2005年版，第737页。

作为陕派律学的创始人，薛允升具备他人所不能兼而有之的条件。首先，薛允升本人有不凡的律学成就，其学术造诣影响了当时的律学，足为学界楷模及学术团体的开山祖师。至于薛允升的律学成就，学界已有公论。吉同钧在《薛赵二大司寇合传》中说："允升字云阶，咸丰丙辰科进士，以主事分刑部，念刑法关系人命，精研法律，自清律而上，凡汉唐宋元明律书，无不博览贯通，故断狱平允，各上宪倚如左右手，谓刑部不可一日无此人。不数年，升郎中，外放江西饶州知府，七年五迁，由知府升至漕运总督，以刑部需才，内调刑部侍郎，当时历任刑尚者，如张之万、潘祖荫、刚毅、孙毓汶等，名位声望加于一时，然皆推重薛侍郎。凡各司呈划稿件或请派差，先让薛堂主持先划，俗谓之开堂。如薛堂未划稿，诸公不肯先署，固由诸公虚心让贤，而云阶之法律精通，动［令］人佩服，亦可见矣。后升尚书，凡外省巨案疑狱不能决者，或派云阶往鞫，或提京审讯。先后平反冤狱，不可枚举。"

李岳瑞在《春冰室野乘》中也曾说过："其律学之精，殆集古今之大成，秦汉至今，一人而已。"

其次，薛允升重视乡谊的性格注定受其影响的律学家以陕籍人士为主。他不但对法律有着超乎寻常的理解，而且非常重视乡谊，对刑部中的初来乍到者往往给予不惮其烦的指导和帮助，尤其是新分部的陕西乡党。他的这个性格特点使得在刑部逐渐形成了一个以陕西人为主的学术团体，即陕派律学。当然，重视乡谊也成了他被人讥讽的把柄。《近代名人小传》说薛允升"长身瘦削而意气勤恳，有关中故家之风，掌秋曹日，所属多以律书求解，辄为解导，不惮烦也。然俗学无识，立朝未尝有建白，复私乡谊，卒被弹去"。

《续修陕西通志稿》谓薛允升"尤好诱掖后进，成就颇多，

第四章 律学文明

如赵舒翘、沈家本、党蒙、吉同钧辈，乃门生故吏中之杰出者，其它不可枚举。盖人品清正，学识宏深，好善若渴，躁释矜平，处富贵如寒素，不仅以刑律见长也"。正因为薛允升杰出的律学成就以及重视乡谊的性格特征，在其周围聚集了很多以陕籍人士为主的律学家。但俗话说，独木不成林。如陕派律学仅有薛允升一人，便不能称其为陕派律学了。陕派律学的后起者皆极一时之选，据笔者初步统计，陕派律学约有十六七人。与薛允升同时之雷榜荣，稍后赵舒翘、段理[1]、党蒙[2]、张成勋[3]，再

---

[1]《续修陕西通志稿》卷八十《人物七》载："段理，字燮堂，昆生异母弟也。性孝友，年十二补博士弟子，为文崭崭不落恒蹊，州牧王舜臣奇之，语人曰：他日耸壑昂岩、能解吾民冤苦者，即段生也。同治庚午（1870年，同治九年）登贤书，光绪丙子（1876年，光绪二年）成进士，授刑部主事。刑部为全国刑名总汇，档案山积，诸司苦翻阅，书吏或因缘为奸，会长安赵尚书舒翘为提牢厅，理与游处，昕夕研绎，尽得要领，每有大狱及直隶题奏要犯，堂官辄一以委之，寓慎于勤，谳鞫明允，常谓子姓曰：廷尉者，天下之平也。少有瞻徇心不平矣，又何以平刑政而孚四海乎？时长安薛尚书允升で刑部久，知理之能，属以定谳，尚书每称善，旋转员外郎，迁郎中，记名道府，简有日矣，竟一病不起。"

[2]《续修陕西通志稿》卷八十四《人物十一》载："党蒙，字养山，韩城人。同治癸酉（1873年，同治十二年）举于乡，光绪丙子（1876年，光绪二年）成进士，选庶吉士散馆，授刑部主事，历奉天、四川各司主稿，升员外郎，转郎中，充律例馆提调，总办秋审处，各长官咸倚任之。尚书薛允升为律学大家，尤相器重，遇秋审疑狱、现审大案，必待蒙审察决定。庚子出为云南临安知府，累署顺宁、东川等府，卒于任。性朴诚而敏练，简重深沉，言动不苟。官京曹时核阅刑案，终日不倦，端坐斗室如泥塑人。待人无锋棱，而临财不苟，有铁面之称。随钦使查案山东，文武大吏无敢事请托者。后莅顺宁，耿马土司馈千金，却之，夷人感颂。"

[3]《续修陕西通志稿》卷八十二《人物九》载："张成勋，字麟阁，汉阴人。光绪丁丑（1877年，光绪三年）进士，授刑部主事，精研法律，援引确当，屡主秋审，无稍冤纵，尚书薛允升尤倚重之。积资简放四川川北兵备道，阅兵察吏，无所瞻徇，风气为之一振。丁艰归，服阕，值两宫西狩，赴行在陛见，授安徽凤颖六泗道，兼督凤阳关。抵任，适涡阳匪乱未靖，成勋派兵抚绥安辑，以其地素称薪桂，每遇霖雨，合城艰于炊，乃设官柴局，并捐廉广置滩地，为民储薪，凤人号曰张公滩，立祠祀焉。告归后，诏起为京师总检察厅厅丞，复擢法律馆谘议官，俱辞不就，林下数年，颇多善举。寻卒。著有《秋审实缓比较汇案》。"

稍后还有武瀛[1]、王之杰、萧之葆、高祖培等，最后还有吉同钧、段维等。如薛允升为陕派律学的开创者，赵舒翘当是陕派律学的中坚，吉同钧则为殿后者。当然，陕派律学不纯粹都是由陕籍人士组成，如从学术关系上看，沈家本的学术成就与陕派律学在某种程度上有着密不可分的关系，从学术渊源上讲，沈家本当属于陕派律学[2]。

陕派律学的出现，在当时的刑部成了一道独特的风景。当时人们就有各种解释，如曹允源在给赵舒翘《慎斋文集》作序时说："国家政事分掌于六曹，而秋官一职关人生命，视它曹尤重。为之长者类多擢自曹司重望，谙习法令。即叙劳外简，往往不数年骤跻右职，入掌部纲。故它部长官迁调不常，而秋官

---

[1]《续修陕西通志稿》卷八十四《人物十一》载："武瀛，字百川，号仙航，富平人。好学能文，光绪乙酉（1885年，光绪十一年）举人，己丑（1889年，光绪十五年）成进士，授刑部主事，充秋审处坐办、律例馆提调，累迁员外郎、郎中，谙习法律，中西兼通，为尚书薛允升倚任。修订法律大臣沈家本、伍廷芳亦引以为重，与修《新刑律》。庚子，随扈赴西安行在，襄办陕西赈务，不支薪费，筹画精详，保加三品衔。俟得知府后以道员在任候补，回銮后简任四川雅州知府，创设川南师范暨中学堂，筹办边茶公司，以抵印茶入藏漏卮，革穆坪土司陋规数千金，夷番怀畏，民教融洽。两摄建昌道篆，办理藏务善后，各要政措置适宜。在任六年，保荐卓异。宣统纪元，川省开办法厅，调署高等审判厅厅丞。瀛甄拨人材，拟议规则，清理全省积案八百余起。值川民因铁路归国，聚众罢市要求，总督赵尔丰滥杀多命，瀛建言不纳，遂告归。"

[2] 有些学者甚至认为，"正式的经历及非正式的赞助是仕途当中最明显的部分，但是加入一个律学博士学会也是相当重要的，这类学会同时具有学派以及地方派系的特色。当沈家本被允许加入当时主控刑部的两个学派之一陕派（陕西）之后（另一个是豫派），他自1875年起就开始攀升"。尽管沈家本祖籍非陕西，但他与民国时期主持司法部、大理院的著名法律人物许世英、董康等皆为陕派律学的门生。见［法］巩涛（Jérôme BOURGON）："西方法律引进之前的中国法学"，林惠娥译，载《法国汉学》丛书编辑委员会编：《法国汉学》第八辑教育专号，中华书局2003年版，第220~249页。徐忠明也在《中国法律史研究的可能前景：超越西方，回归本土?》一文中"顺便指出，虽然沈家本是浙江归安人氏，但是他的律学研究属于陕派范围"，载氏著《案例、故事与明清时期的司法文化》，法律出版社2006年版，第2页。

任独久,盖非精研其学者不能尽职也。陕西人士讲求刑法若有神解夙悟。"

相对而言刑部是一个专业性很强的部门,在刑部任职者必须是专业技术人员,这在客观上为律学的繁荣提供了前提条件,这无疑是正确的。但说"陕西人士讲求刑法若有神解夙悟",这仅仅只是一种溢美之词。当时的清政府中央有六部,在刑部当差被视为最苦的差事,而陕西僻处西北边陲,地瘠民贫,因此陕籍人士在通籍后往往能吃苦耐劳,更加励志。如《旧京琐记》云:"刑曹于六部中最为清苦,然例案山积,动关人命,朝廷亦重视之。故六堂官中,例必有一熟手主稿,余各堂但画黑稿耳。薛尚书允升既卒,苏抚赵舒翘内用继之。赵诛,直臬沈家本内调为侍郎,皆秋审旧人。凡稿须经沈画方定。余在刑曹时,见满左右堂既不常到,到则各司捧稿,送画辄须立一二小时,故视为畏途,而愈不敢至。其庸沓可笑,然尚虚心,盖每画必视主稿一堂画毕否,既画则放笔书行。若间见有未画者,则曰'先送某堂,看后再送'云。"[1]

辛丑年(1901年),赵舒翘、薛允升这两位陕派律学的杰出代表,一位被清廷赐死,一位病死于回銮途中。此后,陕派律学人物日渐零落,直至辛亥革命后,陕派律学人物纷纷归隐。

---

[1] 其他文献亦有类似说法,如《国闻备乘》载:"部务之不振也,曹郎积资十余年,甫谙部章,京察保一等,即简放道府以去。侍郎多起家翰林,初膺部务,临事漫不誉省,司员拟稿进,涉笔占位署名,时人谓之'画黑稿'。尚书稍谙练,或一人兼数差,年又耄老,且视六部繁简次序,以调任为升迁(旧例由工调兵、刑,转礼,转户,至吏部,则侍郎可升总宪,尚书可升协办),势不得不委权司曹。司曹好逸恶劳,委之胥吏,遂子孙窟穴其中,倒持之渐,有自来矣。唯刑部法律精,例案山积,举笔一误,关系人生死。历朝重狱恤刑,必简一曾任刑曹、熟秋审者为尚、侍。薛允升薨,江苏巡抚赵舒翘内用为尚书。舒翘诛,直隶臬司沈家本内用为侍郎,皆刑部秋审处旧僚也。薛、赵、沈之治刑部也,薛主严,赵、沈主宽。"

吉同钧一生仕途坎坷，1910年因钦派外省考试法官，初次开列前茅，嗣被他人运动，抑置在后。命下，以名次在后致落孙山之外，因此万念俱灰，绝意上进，并上《上法部长官请开差缺书》，辛亥革命后弃官归隐。刘敦谨撰《韩城吉石笙先生德教碑记》载辛亥革命后，"因弃官归隐，当道征聘，皆坚辞。航海而南，遍览江浙名胜，又至曲阜谒圣墓，回京师，戢影篷庐，韬光养晦，以待天下之清"。

陕派律学其他人物也大都归隐，如萧之葆归隐后，于陋居的柴扉上写下短铭："吾之素志，喜乐林泉。种花栽竹，养树培源。不愿声名震世，不愿富贵惊天。但愿茅屋不漏，布衣常穿。樽不乏酒，厨不断烟。吟诗月下，钓鱼溪边。教子读书，承嗣祖先。吾自足也，有何憾焉！"吉同钧与萧之葆在刑部时，"昼则同署办事，夜犹聚会私邸，谈至夜分，津津无倦容"，现在萧之葆"黄冠草履，率昆弟友生逍遥于山巅水涯"，而吉同钧仍在羁旅，他在《送萧小梅郎中归田序》中云："小梅仕秋曹十余年，以廉隅气节期许，不屑屑于法律，而法律知识自非同列所及，事长官羞作婀态，亦非故以崖岸自高，太史公所谓'事亲孝，与士信，临财廉，取与义'者，殆兼有之。当民国建设之初，众人恋恋官职，首鼠两端，甚者多方奔求，惟患失之。小梅独决然舍去，如弃敝屣，宁终老于乡间，而不贪非分之爵禄；宁力农以食苦，而不作伴食员，诚士大夫中之鸿鹄、骐骥也。世俗不察，或目为迂腐不识时势，或嗤为矫激不近人情，是亦燕雀不知天地之高，驽骀不知宇宙之大也，何足怪哉？"

陕派律学的代表人物一般都出身于科举，饱读诗书，又在刑部长期任职，由于职责所在，对传统律学进行研究，并取得骄人的学术成就。薛允升认为，"刑法虽起于李悝，至汉始完全，大儒郑康成为之注释。乾嘉以来，俗儒多讲汉学，不知汉律为汉学中一大部分，读律而不通汉律，是数典而忘祖，因著《汉律辑存》"。此外薛允升还著《汉律决事比》四卷。沈家本在其《汉律摭遗》自序中说："同治、光绪之间，长安薛大司寇曾纂《汉律辑存》一书，业经写定，将付手民，庚子之变，为某舍人所得，匿不肯出，百计图之，竟未珠还，良可惋惜。"很可能，沈家本参考了《汉律辑存》。

薛允升认为："汉律经六朝北魏改革失真，主唐两次修正，始复其旧，明律虽本于唐，其中多参用金辽酷刑，又经明太祖修改，已非唐律真面目，因纠其缪戾，著《唐明律合编》。"《唐明律合编》四十卷，是一部对唐律、明律进行比较研究的力作，具有很高的学术价值，是研究传统律学和中国法律史的重要参考书。

薛允升认为："刑律所以补助礼教之穷，礼为刑之本，而服制尤为礼之纲目，未有服制不明而用刑能允当者。"在欧风东渐之际，薛允升"逆料后来新学变法，必将舍礼教而定刑法，故预著《服制备考》一书以备后世修复礼教之根据，庶国粹不终于湮没矣"。《服制备考》稿本四卷，传统法律对某些罪名的成立及罪行的轻重都要以服制亲疏为依据，服制与传统法律密不可分，薛允升在长期的司法实践中对服制有独到精深的见解。

薛允升认为，"用法须得法外意，律少例多，有例不得引律，明例八百余条，今增至二千余，非出一人，不能划一，引比愈宜详慎，乃官书律例外，著作家绝少专书，复删辑平时笔记，著《读例存疑》"。后此书稿经刑部进呈刊行，"识者推为空前绝后之作"。《读例存疑》共五十四卷，"以《大清律例》为主，而备述古今沿革，上溯经义，下逮有明，比其世轻世重之迹，求其所以然之故，而详著其得失，以为后来因革之准"。这是第一部"例学"著作，民国时期许世英称之为《法律全书》，

"是当时被认为最完整的唯一经典，只要熟读这部书，便可以成为法学权威了"。[1] 薛允升在这部呕心沥血之作中对清代累修的条例有精深的研究，指出了当时律与例之间、例与例之间的矛盾，并提出了详尽的修改意见。其立法建议，在清末修订《大清现行刑律》时多被采纳，曾参与修订《大清现行刑律》的董康说，《大清现行刑律》大致采长安薛允升《读例存疑》之说。沈家本在《故杀胞弟二命现行例部院解释不同说》中指出："原任刑部尚书薛允升，近世号称专精刑律者，其所著《读例存疑》一书，于此条颇有微词。大致谓，争夺财产、官职谋杀弟侄分别年岁问拟斩绞办理，尚无歧误。至'仇隙不睦'一层，是否专指胞弟及胞侄之年未及岁者而言，碍难悬拟。盖非素有嫌隙，决不致蓄谋致死……上年法律馆修改现行刑律，于《读例存疑》之说，采取独多。"因此华友根认为《读例存疑》为中国近代修订新律的先导。美国学者 D. 布迪和 C. 莫里斯也予以高度评价："如果没有这部著作，我们几乎无法精确了解清律编例的变化过程，也无法知道增修、删除及修改各条例的准确日期。"[2]

赵舒翘在长期的司法实践中，多所纂定律例，"其议服制及妇女离异诸条，能傅古义，为时所诵"。赵舒翘对传统律学有精深的研究，主要著作《提牢备考》，系其"任提牢厅时辑"，内容"皆足为后世法"，包括对狱吏的管理、对狱囚的管理、对监狱设施及监管安全等方面的管理，被视为"中国第一部监狱学

---

[1]《许世英回忆录》，转引自［法］巩涛（Jérôme BOURGON）："西方法律引进之前的中国法学"，林惠娥译，载《法国汉学》丛书编辑委员会编：《法国汉学》第八辑教育专号，中华书局2003年版，第220~249页。

[2]［美］D. 布迪、C. 莫里斯：《中华帝国的法律》，朱勇译，江苏人民出版社2003年版，第68页。

著作"。[1]《慎斋文集》，原名《映沣山房文集》十四卷，由眉县王步瀛先生编订。后改名《慎斋文集》十卷，长安沈幼如先生校字，1924年酉山书局印刷。《慎斋别集》四卷，由《映沣山房文集》十四卷分出，眉县王步瀛先生编订，长安沈幼如先生校字，1924年酉山书局印刷。《慎斋别集》卷一中载有《象刑录序》："《周易》六十四卦，爻象繁赜，冒尽天下情伪，未易遽晓。惟大象，则专以人事言天德王道，靡不赅备。……余供职西曹，自愧庸愚，恐负厥职，公暇读书于古人有关刑政之嘉言懿行以及现行例案有资出治者，遇事札记，苦无端绪，因取卦象分门，聊便聚学，非敢问世也。《书》曰：'象以典刑'，又曰：'象刑惟名'，虽非卦象之象，而象义实在其中，故藉以明是帙云。"

吉同钧，清末修订《大清现行刑律》，五位总纂官中吉同钧名列首位。沈家本、伍廷芳奏请设法律学堂，科目特设《大清律例》，即请吉同钧主讲《大清律例讲义》，所编讲义集成六册，后由法部核定出版，沈家本为之作序，弁诸卷首："韩城吉石生郎中同钧，于《大清律例》一书，讲之有素，考订乎沿革，推阐乎义例，其同异重轻之繁而难纪者，又尝参稽而明辨之，博综而审定之，余心折之久矣。"沈家本又说："其于沿革之源流，义例之本末，同异之比较，重轻之等差，悉本其所学引申而发明之，辞无弗达，义无弗宣，洵足启法家之秘钥而为初学者之津梁矣。"沈家本认为清末修律，如"不深究夫中律之本原而考其得失，而遽以西法杂糅之，正如枘凿之不相入，安望其会通

---

[1] 何勤华在《中国第一部监狱学著作——赵舒翘撰〈提牢备考〉评述》一文中认为，该书系"收集整理清王朝施政以来有关监狱管理的条例、章程以及重要狱务的处理方法等编纂而成的一部著作，是中国历史上第一部关于监狱学的专著，也是明清律学的重要作品之一"。

哉?"吉同钧对传统法律仍有非常深的感情,思想趋于保守,他说:"夫大清律者非自大清起也,损益乎汉、唐、宋、明之成法,荟萃乎六经四子之精义,根极乎天理民彝,深合乎民情土俗,所谓循之则治,离之则乱也。"对于仿行新法,他说:"自上年变法令下,仿泰西之皮毛,舍本来之面目,初改清律为现行律,继又改现行律为新刑律,表面虽看似新奇,而内容实为腐败。"主要著作有:《大清律例讲义》有宣统二年(1910年)法部核定本;《审判要略》,总结古代刑官问案技巧,有宣统二年(1910年)法部核定本;《乐素堂文集》1933年刻本。

在司法审判过程中,对一个案件从研审直到最后作出判决,与每个司法审判官员的律学知识、对律例的理解和办案经验都有极大的关系。陕派律学的代表人物皆供职于刑部,熟读律例,从事司法审判,在对疑难重大刑狱的审判上往往也都有不俗的表现。

以薛允升为例,由于长期"观政刑曹,以刑名关民命,穷年讨测律例",故而对律例的理解和运用达到了炉火纯青的地步,"凡所定谳,案法随科,人莫能增损一字"。因此得到刑部长官的信任和重用,一有大狱辄以相嘱。薛允升在审案过程中,面对罪犯"如与家人语,务使隐情毕达,枉则为之平反"。[1] 孙家鼐在其给薛允升的墓志铭中也说:"其鞫狱恒至夜分,一灯荧荧,胥役或倦引去。公平心静气,无疾言厉色,与囚絮絮对语,囚忘公为官,公亦若忘其与囚语也。故凡讼为公所鞫,无不输其情,虽死且德公。而公重民命,有疑狱必万分审慎,得其冤必力为平反,虽触权威忌不恤也。"

---

[1]《清史稿》列传二百二十九《薛允升传》。

第五章

司法文明

中国司法制度的历史源远流长，早在公元前21世纪，中华民族已经迈入文明社会的门槛。随着国家的形成，作为国家重要活动的司法审判也揭开了自己的历史序幕。从夏代开始，中国古代司法制度历经数千年的发展，无论是制度构建、活动原则、理论指导还是法律规定，都基于中国的国情而形成了独有的特点，积累了丰富的经验，产生了深远的影响，是中华法制文明的重要组成部分。

第一节　司法机关沿革

一、中央司法机关的沿革

（一）皋陶作士

舜时，"寇贼奸宄"四起，舜对皋陶说："汝作士，五刑有服"[1]，即你作为士，要御侮于外，治乱于内。后人认为，"士"被认为是中国最早的"司法官吏"。不过，舜的时代还处在原始社会末期，皋陶所作的"士"还不能等同于以后阶级社会中的国家司法官吏。但也说明即使在人类社会早期，也需要这种公共职能来维持部族内部的秩序。

（二）夏商司法机关

夏代的司法官称作士、士师、司寇等。详细情况已不可考，看来都与兵制有关，士是军官又是执法官，战时行军法，平时

---

[1]《尚书注疏》卷三《舜典》。

治狱讼。古书中即把"甲兵"(军事)称作"大刑"。

商代是典型的奴隶制国家,行政、司法、军事没有严格划分,商王对重大案件进行裁决。商王之下最高司法官称为司寇,地方诸侯的司法官称士。由于商代是崇尚神权的国家,巫、史、祝、卜等掌管祭祀的官员在国家享有显赫地位,他们也参与司法工作。夏商时代的司法机关和其他国家机器一样,虽然还很不完善,很简陋,但表明司法职能已经是国家职能不可缺少的一个部分。

(三) 西周司法机关

西周是实行分封制的宗法社会,周天子是天下共主,是大宗,他直接辖有王畿,又对各诸侯国发号施令。周天子作为最高统治者,当然也就是最高司法官。但是周代的国家组织远比夏商完善,各种职能机关都有较明确的分工,司寇已发展成为专门的司法机关,不再负有军事统兵的任务,另设司马专管军事。"司寇掌邦禁,诘奸慝,刑暴乱。"[1]奸慝,奸邪歹毒之徒;暴乱,残暴叛乱的人。司寇负责国家(邦)的治安,颁发禁令,审讯(诘)处罚(刑)那些"坏人"。《尚书》对周代司寇职责的这种记述,已不同于夏商的士和司寇了,这时的司寇的基本职能完全是对内的司法审判。

上述周代司法机关的职能是以《尚书》等古籍和金文资料为依据推测的,并不详尽,由于资料的限制,周代司法机关的真实情形已不可考。但是《周礼》中却讲了周代官职,包括司法官系统的、详细的组织和职能。《周礼》的《秋官·司寇》篇说,周天子"立秋官司寇,使帅其属,而掌邦禁,以佐王刑邦国",意思是说设立秋官司寇和他的僚属,掌管刑法,辅佐周王

---

[1] 《尚书注疏》卷十二《周官》。

治理国家。司寇之所以叫秋官,是因为古人认为秋天草木凋零,有肃杀之气,所以用秋来象征刑官。大司寇、小司寇以下有士师、司刑、司圜、掌戮、司隶、布宪等六十一种官吏,二百九十五人,职衔自卿、中大夫、小大夫至上士、中士、下士。这些官吏以下还有许多府、史、胥、徒等办事执役人员。大小司寇及其属吏分工明确,分别负责颁布法令、审判、行刑、狱政、监察、赦免、治安等与法律相关的事务,分工细密。很显然,西周的司法机关体系和司法制度还不可能达到如此精确的程度,这里寄托着后世儒家的政治理想。

(四)春秋战国时期司法机关

春秋战国时期是中国由奴隶社会向封建社会的转变时期,为适应政治经济上的转变,各诸侯国的革新势力纷纷利用法律武器,剥夺旧贵族世袭的政治权力,包括司法官吏在内的所有官吏,大多由新兴地主阶层的知识分子担任,如李斯在秦国就官至廷尉。地方上开始由郡县守令兼理司法,也取代了采邑封君的司法权。

(五)秦汉廷尉制度

秦始皇统一六国后将秦国的制度推行到全国,以廷尉为首的司法机关随即行之于全国。廷尉是秦国固有的刑官,"掌刑辟"。[1]"廷尉"的含义,一说,断狱必经朝廷;"尉"原指军事官,古来又兵刑不分,所以称廷尉。又一说,廷者,平也,治狱应公平,所以叫廷尉。[2]这两种说法并不矛盾,说明了廷尉的身份、地位和职责。秦始皇主张严刑峻法,重视司法机关,

---

[1]《汉书》卷十九上《百官公卿表》。
[2]《汉书》卷十九上《百官公卿表》。

信任狱吏,"狱吏得亲幸"[1],廷尉和其他司法官,成为秦统一后最有权势的官吏,百官为之侧目。

汉承秦制,几乎全盘接受了秦代的制度,把廷尉制度加以完善。汉设廷尉(卿)一人,下有正、左右监、平等属吏。廷尉作为国家司法机关是地方审判的上诉审,凡郡国审判的疑难案件均报廷尉复审平核;同时廷尉还直接办理皇帝交办的大案,秉承皇帝旨意进行处断。所谓"平决诏狱",即办理皇帝下诏须办的案件。廷尉不仅负责审判,还管理监狱,西汉时廷尉直辖二十六所,东汉时仅二所。[2]

汉代的廷尉地位极高,他们戴的帽子是一种特制的法冠,叫獬豸冠,象征他们像神兽獬豸那样公正审判,神圣不可侵犯。[3]秦汉的廷尉和其他司法官吏还掌握并研习律学,常常是父子相传。东汉郭弘"数世皆传法律",子孙中有廷尉七人;吴雄祖孙三世廷尉;陈宠家数世明习法律。廷尉在西汉景帝、哀帝时曾两度被改称大理,后仍复为廷尉。

(六)魏晋南北朝时期司法机关

这个时期各分裂对立的王朝基本上沿用了汉代的司法制度,但在司法机关名称和组织机构方面进行了重要调整。北齐时把廷尉扩大为大理寺,设大理寺卿为长官,少卿副之。秦汉时廷尉是机关与官职的共名,从北齐开始,将机关与官职分称大理寺和大理寺卿,自此这一名称一直沿用到清末。大理寺的官职和属员比以前也增多了,这说明魏晋南北朝时期司法机关职能的加强。

---

[1]《史记》卷六《秦始皇本纪》。
[2]《后汉书》卷一百十五《百官二》。
[3]《后汉书》卷一百二十《舆服志》。

这一时期的国家机构，包括司法机关，最突出的变化就是尚书制度的兴起。在汉代，"掌图书秘记章奏之事"的尚书中就有掌管刑狱事务的三公曹、二千石曹、中都官曹。汉代的三公曹等尚书只是皇帝处理司法事务的秘书。魏晋继续沿用这一制度，南北朝时的尚书省中都设有掌管司法事务的尚书，逐步发展为正式的国家司法机关。

（七）隋唐司法机关

隋取代北周，设都官尚书辖都官、刑部、比部、司门侍郎，统管各种与司法有关的事务。由三公曹到都官尚书，这是隋唐时期刑部的雏形。

秦汉以来的司法机关廷尉至唐代一分为三，即刑部、大理寺、御史台，谓之"三司"。

御史台，长官为御史大夫，副职为御史中丞，属下有若干御史。御史台的主要职能是监察职能，"掌邦国刑宪典章之政令"，肃正朝列，纠参百官。同时，御史台也参与司法审判，一是涉及"中外百僚之事"，二是对"大狱"与刑部大理寺会审。[1]

大理寺，长官为大理寺卿，副职为少卿，属吏有大理正、大理丞等。大理寺"掌邦国折狱详刑之事"。[2]京师的徒罪以上、地方的流罪以上案件报大理寺，由大理丞、大理正先后拟议"刑之轻重""断罪当否"，经由大理寺卿、少卿定夺。徒罪径行发落，流罪以上"皆上刑部，复于中书门下"[3]。大理寺专职于审判。

---

[1]《唐六典》卷十三《御史大夫》。
[2]《旧唐书》卷四十四《职官三》。
[3]《新唐书》卷四十八《百官志》。

刑部，长官为尚书，副职为侍郎，属吏有郎中等。刑部已从魏晋以来的法曹尚书发展为行政中枢尚书省六部之一，"掌律令、刑法、徒隶、按复谳禁之政"[1]。刑部受理大理寺报上来的流罪、死罪案件，加以"按复"，流罪即可终审执行，死罪则还要向皇帝复奏。刑部复审案件如有疑问，可发回大理寺重审或改判。

三司中以刑部地位最高。《唐六典》规定，刑部"奉行其制命"，"凡中外百司之事，由于所属咸质正焉"[2]，即谨遵皇命，统掌法制政令，对京师内外有关刑名一切事务总负其责。大理寺仅是依律审判，办理具体审判事务。《唐六典》记载，大理寺对"凡诸司百官所送犯……详而质之，以上刑部"[3]，即审讯后，呈上刑部。从司法职能上来说，刑部统率大理寺，更能体察皇帝意图，使司法审判在最大程度上符合国家的政治利益。唐代的司法实践说明，《唐六典》所述司法机关体制是得到实现了的。如《唐会要》中多处记载刑部"（审）按（批）复大理及诸州应奏之事"；刑部对大理寺"检断"过的案件"复下不得过十日"；刑狱"先令（大理寺）法官详议，然后申（报）刑部参复"[4]。过去的研究者论述三司之间关系时说，"唐代仍有直接管理囚禁的大理寺，提起公诉的御史台和分掌司法事务的刑部"[5]这种说法未免使古代制度"现代化"了。一般地说大理寺是审判机关，刑部是司法行政机关，御史台是监察机关，虽无不可，但是不能简单地与近代司法机关画等号，起

---

[1]《新唐书》卷四十六《百官志》。
[2]《唐六典》卷六《尚书刑部》。
[3]《唐六典》卷十八《大理寺》。
[4]《唐会要》卷六六《大理寺》。
[5] 杨鸿烈：《中国法律发达史》，中国政法大学出版社2009年版，第369页。

码近代司法行政机关、检察机关不参加审判，而唐代三司都有审判职能，刑部更是负主要司法责任的机关。这种三司制度体现了古代政权机关行政、司法合一的特点。

（八）宋朝司法机关

宋朝的司法机关形式上仍是沿用唐代的三司，刑部"掌天下刑狱之政令"，大理寺掌"折狱、详刑、鞫狱之事"，御史台"掌纠察官邪，肃正纲纪"[1]。但是宋朝的司法机关与其他国家机关一样，是"建官而不任以事，位事而不命以官"，在其位不谋其政，不在其位却谋其政的。这样做的目的是使"权归于上"，便于皇帝加强控制。

宋初不设大理寺主官，卿和少卿，而以他官"判"大理寺。修定《宋刑统》的窦仪就是以工部尚书身份"判"大理寺事的。更有奇特者，太宗朝时大理寺不再审讯，而另设一个叫"审刑院"的组织来审理案件。刑部本职官也不从事部务。审刑院设知院事一人，由皇帝从亲信官员中选用。又下设详议官、详断官、详复官，从京师官员中选"明法令者"担任，他们与审刑院知院事议复推断，草拟定谳，报上中书门下，而后奏皇帝裁决。宋神宗元丰改官制时，裁掉了机构重叠的审刑院，大理寺、刑部恢复了职权。但是，宋朝司法机关复杂混乱的状况并未得到完全改变，对于皇帝过问的诏狱，还是指定非法司的朝官组成"制勘院""推勘院"审理。

（九）明清司法机关

明代和清代正式确定刑部、大理寺、都察院（明初改御史台为都察院）为三法司。明清的三法司较之唐宋的三司在司法职

---

[1]《宋史》卷一百六十四《职官志》。

能的分工上有较大的变化。明清实行的是"刑部受天下刑名，都察院纠察，大理寺驳正"[1]的制度。具体地说，就是刑部的司法职能扩大了。唐宋的刑部只是"按复"（审批）大理寺的案件，而明清的刑部则兼有唐宋大理寺的审判权。大理寺已不直接受理全国案件，仅对刑部审理的案件进行复核。都察院参加司法审判的职责更明确了，被正式列为"法司"。

明清时期三法司的相互关系上还略有不同。明朝刑部、都察院办理的所有案件，都将案卷、囚徒移送大理寺"详谳"复审。对于罪刑不符、拟议不当的，大理寺可以驳回。清朝则是"外省刑案，统由刑部核覆"，在京狱讼"俱由刑部审理"，所以"（刑）部权特重"。大理寺的驳正复核权只限制在需要三法司会审的死刑案件内。都察院对案件的纠参权也同此，无须会审者，都察院、大理寺即"无由过问"了，听凭刑部独自审理。[2]

清朝除三法司会审外，还有九卿会审。九卿指六部尚书、左都御史、大理寺卿、通政使。每年审理死刑案件的"秋审大典"九卿都参加，通常皇帝还指定詹事和科道（六科给事中、十五道御史）参加。无论是三法司会审还是九卿会审，都是由刑部牵头主审，其他官员不过陪坐而已。

二、地方司法机关的设置

商鞅变法的一项重要内容就是废分封、置郡县，随后各诸侯国也竞相推行郡县制。在此之前，自诸侯王以下，卿大夫至士各有封地采邑。这些领主在自己的领地上拥有无上的权力，

---

[1]《明史》卷九十四《刑法志》。
[2]《清史稿》志一百十九《刑法三》。

当然也包括司法权,他们可以随意处置奴隶和"犯罪"的平民。郡县制建立以后,国君任免的官吏掌握了地方的各级权力,他们是国君在地方上的代表,代表国君行使统一的法令。与国君集全国的行政、司法权力于一身一样,各级地方长官也是该地区行政、司法权力的最高负责人。

由于司法、行政合一的制度,原则上有一级地方政权就有一级司法审判。自秦汉以来,基层一级政权县,历代相沿不改;郡(府、州)是县的上一级,郡、县二级构成了基本的地方政权体制。郡级以上的州(汉)、道(隋唐)等原来都是大监察区的性质。中国自古地域辽阔,皇帝和朝廷不便直接管理那么多的郡县,往往派监察御史巡视各地,久而久之这些监察区成为事实上的一级政权机构。元朝开始设立行省为地方正式最高一级政权,从此形成了地方三级政权的制度。

上述各级地方政权机关也就是该级的司法审判机关。宋以前基本上是县、郡(府)两级审判,汉的州,唐的道,宋元的路主要作为中央派出的监察机关,不作为一个正式的审级。比如《水浒传》中武松一案,阳谷县审理后呈报东平府,东平府复审后就直接申报中央而不经路。元以后省正式作为一个审级,基本上成为三级审判。但是清代可以算作县、府、省按察司、省总督巡抚四级审判,因省级分作了按察司(主管司法事务)和督抚(全省长官)两级。这里所说的当时的审级和行政区划只是概而言之,实际的情况更为复杂。应明确的是,地方审判事务就是同级政权机关职责的一部分,没有独立于行政机关之外的司法机关。明清省级的按察司虽主掌审判,但它也仍是省级政权机关的一个组成部分,并且按察司也担负着不少非司法的行政职能。

纵观古代中央司法机关构成的变化趋势,由秦汉到隋唐,中央司法机关由单一的廷尉变成三司；由宋到明清在三（法）司组织形式不变的情况下，权力集中到刑部，体现了司法机关设置上的不断完善与进步。同时，刑部、御史台（都察院）、大理寺三机关各有分工，相互制约，是封建法制得以贯彻的重要保障。在地方上，司法机关的变化是历代地方司法机关拥有不同的司法权限，一般来说地方司法权，越往上古权力越大，越往近代权力越小。在奴隶制时代，一个奴隶的价值不过"匹马束丝"，生杀由之，自不必说。就是在秦汉中央集权制国家建立以后，地方司法权力仍然很大。汉时"刺史守令杀人不待奏"，至宋时"州郡不得专杀之例始严"。汉朝东海郡有一孝顺的媳妇被诬谋杀婆母，郡太守不做调查"竟论杀孝妇，郡中枯旱三年"[1]。这个有名的"东海孝妇"的故事就是《窦娥冤》的故事原型。东汉光武时名噪一时的"强项令"董宣在北海相（相当于郡守）任内，为公孙丹父子杀人案，竟"即收丹父子杀之"，朝廷并没有说他越权，只是斥责他"多杀无辜"。即便在实行死刑"三复奏""五复奏"的唐朝，也时有徇情枉法的地方官处死人的记录。宋太祖开宝末年针对五代诸侯枉法杀人"朝廷置而不问"的弊病，下令"自今诸州决大辟，录案闻奏，付刑部复视之"[2]。明清时代，地方省级督抚以下仅有权判处徒刑，"寻常徒罪，各督抚批结"；流刑就要"专案咨部核复"[3]。府、州、县只能判处笞、杖罪，"用法至枷杖而止"。越权擅断是要受到处分的。古代地方司法权限的这一变化说明中央集权制度不断加强，权力越来越集中到皇帝手中；同时，从一个地方官就可以随便杀人，到定罪量刑要经过较复杂的程序，并经

---

[1]《汉书》卷七十一《于定国传》。
[2]《宋史》卷三《太祖三》。
[3]《读例存疑》卷八《吏律公式》。

过较高审级的批准，也反映了古代司法制度的发展与进步。

另外，古代司法机关是政府（朝廷）的重要组成部分。无论是秦汉的廷尉，还是唐以后的三司，都是朝廷的职能部门，不是"独立"于行政机关之外的司法机关。廷尉是秦汉中央政府九卿之一；刑部也是唐、宋、明、清中央政府六部之一；御史台（都察院）虽有别于廷尉（大理寺）和刑部，但也在宰相的统领之下。除了上面提到的司法机关，中国历代的宰相，如秦汉的丞相、三公，唐宋的中书、门下，明清的内阁、军机处都参与司法审判。皇帝还可以随时指令或增设其他机关参与司法事务，如唐的参酌院，宋的制勘院，清的詹事、科道、九卿。这样的司法机关设置反映了古代司法、行政合一的政权体制特点。

第二节　诉讼审判制度

一、刑事审判原则的充实

（一）刑事责任年龄与矜老恤幼原则

据《礼记·曲礼》记载，早在周代"悼与耄，虽有罪不加刑焉"。耄，即年八九十的老者；悼，即年七岁的未成年者。也就是说，七岁以下，八十岁以上，有罪而不加刑罚。当时的刑事责任年龄是以七岁以上，八十岁以下为限。秦时犯罪加刑罚的标准是身长六尺五寸（与现在尺寸不同），一般相当于十六七岁左右的人。东汉时"年未满八岁，八十以上，非手杀人，他皆不坐"。[1]到了唐代关于刑事责任年龄的规定更加明确：一是凡十

---

[1]《周礼注疏》卷三十六《司刺》。

五岁至七十岁之间是法定的刑事责任年龄。二是十岁至十五岁之间和七十岁至八十岁之间以及有废疾的人,犯流刑以下的准以收赎。三是七岁至十岁之间和八十岁至九十岁之间以及笃疾者,犯谋反、大逆、杀人等死罪,可以奏请皇帝减刑,犯盗及伤人罪可以收赎,犯其他罪不论。四是七岁以下,九十岁以上虽犯死罪,亦不加刑罚。明清律的规定基本与唐律同,所改动的地方是在奏请减刑中去掉了谋反、大逆罪,只有一般杀人罪可以上请。可见,明清两代加强了对政治犯的镇压。古代法律的这些规定,体现了"爱幼养老之义",以博得"仁政"之誉。

(二) 区分故意与过失原则

故意犯罪者加重刑罚,过失犯罪者减轻刑罚。早在西周时期,统治者就注意到定罪量刑时要区分罪犯的主观状态,要区别过失犯罪(眚)和故意犯罪(非眚)以及惯犯(惟终)与偶犯(非终)。周公对康叔说:"人有小罪,非眚,乃惟终,……乃不可杀。乃有大罪,非终,乃惟眚灾,……时乃不可杀。"[1]这就是说,故意和一贯犯罪,罪虽小也要杀,过失犯罪和偶犯,罪虽大也不可杀。在大约公元前9世纪至公元前10世纪的时候就提出了这样的原则,这在世界刑法史上也是先进的。

唐律对于故意与过失的规定相当完备。如《唐律·斗讼律》中对过失伤人解释道:凡是"耳目所不及,思虑所不到,共举重物,力所不制,若乘高履危足跌,及因击禽兽以致杀伤之属,皆是"。对于故意犯罪加重处罚,过失犯罪减轻处罚,唐律各章中都作了非常具体的规定。如预谋杀人、故意杀人、斗殴持刀杀人者皆处死刑;而对于过失杀伤人者,则可以根据其情节用铜来赎免。

---

[1]《尚书注疏》卷十四《康诰》。

第五章 司法文明

(三) 区分偶犯与累犯，累犯加重原则

早在西周时，就有区分惯犯（惟终）和偶犯（非终）的原则，已如上述。唐律对再犯（两次犯罪）和累犯（三次以上犯罪）分别加重处罚。例如犯流罪，本应至配所服役一年。有徒役未满期而更犯流罪，或犯流役未满期而更犯徒役，或流徒役内，复犯流徒罪，应再加强制服役最多三年，总数不得超过四年。再犯笞杖罪，各依所犯笞杖罪加之。但犯罪虽多，前后累决笞杖不得过二百。累犯，是指经常性的犯罪行为。经常犯罪者被认为是"怙终其事"，亦即屡教不改，对封建统治者危害最大。唐律采用加刑至死的原则。如《唐律·贼盗律》规定："诸盗经断后，仍更行盗，前后三犯徒者，流二千里，三犯流者，绞。"

(四) 划分公罪与私罪，公罪减轻，私罪加重原则

中国古代在法律上划分公罪与私罪，并规定了不同的量刑原则。公罪，即不是以谋私利为目的，而是为了办公事而致犯罪。《唐律·名例律》规定："公罪，谓缘公事致罪而无私曲者。"私罪，就是为了个人私利而犯罪，《疏议》曰："私罪，谓不缘公事私自犯者。"例如对于法律的内容和精神实质理解错误，因而执行时不完全符合上级的本意，就叫公罪。私罪分两种，一种是与公事无关的犯罪，如盗窃、强奸；另一种是利用职权谋私利，虽与公事有关，也当按私罪论处，如贪赃、受贿、枉法、心怀隐私而故意歪曲法律等。定罪量刑的一般原则是公罪减轻，私罪加重，并且官吏可以用官职来抵罪，叫作"官当"。划分公罪、私罪，既有利于保护封建官吏在执行职务时的积极性与主动性，又可以防止官吏的腐化堕落，加强封建国家机器的效能。

(五) 共同犯罪,首犯从重,从犯从轻原则

所谓共同犯罪,是指两人以上合伙的犯罪行为。《唐律·名例律》规定:"诸共犯罪者,以造意为首。"所谓"造意",就是主谋者,其他参与者为从犯。但是在一些具体情况下,又有一些特殊规定。例如家庭中祖父、伯父、子侄、孙子共同犯罪,不论何人造意,均着重处罚同居的尊长。但尊长必须是男性家长。又如有妇人尊长与男性卑幼共同犯罪,虽由妇人尊长造意,仍单独处罚男性家长。如果在共同犯罪中,有盗窃他人财物或斗殴杀伤之类的行为,不能单独处罚尊长,而要按照一般共犯的处理原则,以造意为首犯,其余为从犯。外人和监临主守的官吏共同犯罪,虽由于外人造意,仍以监临主守的官吏为主犯,外人一般为从犯。比如某外人造意,与主管仓库的官吏盗窃库绢五匹,虽系外人发起,仍以主管仓库的官吏为主犯,应判处徒刑二年。外人则以一般盗窃从犯处理,只判处杖一百。这样做可以加强监临主守官吏的责任感,保护封建国家财产。

此外,对于一些最严重的共同犯罪,则不分首从,皆处以重刑。凡法律中有"皆"字者,不分首从一体处刑;凡法律中不含"皆"者,则要区分首从。例如《唐律·贼盗律》规定,谋杀期亲尊长外祖父母者,皆斩。又如强盗、强奸、略人为奴婢、犯阑入宫殿及应禁之场所,逃亡、越度关栈垣篱等,皆需个人亲身所犯,所以不分首从,均以正犯处理。[1]

(六) 自首者可减免刑罚

据《秦简》记载,犯罪者"自告""自出"(投案)可以减刑。汉武帝时,衡山王刘赐准备谋反,其子刘孝"先自告反,

---

[1]《唐律疏议》卷二十《贼盗律》。

告除其罪"。[1]唐律中则完全确立了自首减免刑罚的原则。唐律规定,自首必须是在官府发觉之前。凡犯罪官府已发觉,自行投案的,不能按自首处理。但其轻罪虽被发觉,而又能自首重罪的,可以免其重罪的刑事责任。例如有人盗牛的事被发觉,他又自首了伪铸金钱之事,则后者可以免除刑事责任,仅依盗牛之罪论处。自首"不实不尽"者,只追究没有自首的那一部分罪行的刑事责任。如强盗得赃,但自首为窃盗,虽然财物已经首尽,仍以强盗不得财论罪,这叫自首不实。如盗马二十匹,自首十匹,其余十匹未自首,这叫自首不尽。按律,盗马十匹即应判处死刑,但同时有悔过之心,且犯罪行为因其自首而发现,所以虽致死罪亦应减刑一等。遣人代为自首与犯罪人自首相同。如甲犯罪,派遣乙到官府去代他自首,只要出于犯罪人的委托,就和犯罪本人自首相同。值得一提的是,法律上允许犯罪互相容隐的人,如同居之大功以上亲属、部曲、奴婢等到官府告发,亦同于罪人自首。如小功、缌麻以上亲属到官府告发,虽不同于本人自首,亦得按凡人减轻三等治罪。但是遣人代为自首或亲属告发后,犯人知道而不到案的,则不能按自首予以免罪。犯罪事已被官府知道,但能主动立功者,也可减免刑事责任。比如在共同逃亡中,流罪能捕死罪、徒罪能捕流罪,或杀了死罪犯人,然后自首的,都可免除刑事责任。犯罪轻重相等,能捕获共犯中一半以上人自首的,亦可免除刑事责任。但是有些犯罪不在自首减罪之例。如已损伤人身体、损坏不可赔偿之物,如宝印、符节、官文书、禁兵器,以及犯罪事发后逃亡、私度、越度关津、奸污良人者,均不在自首减罪之例。

---

[1]《汉书》卷四十四《衡山王传》。

（七）数罪俱发，以重者论原则

据《秦简》记载，一个人既犯逃亡罪，又犯盗窃罪，逃亡罪重于盗窃罪，即按逃亡罪论处。说明秦代已有了数罪俱发以重者论的原则。汉承秦制，唐律更为完备，明清因袭了唐律的规定。唐律规定，凡二罪以上俱发以重者论，即一人犯有数罪时，只取其重罪来科刑，不得累计轻罪以加重。例如某人盗绢五匹，应判徒刑一年，又私藏兵器，应判徒刑一年半。量刑时不能将一年徒刑加一年半，只能依私藏兵器判徒刑一年半。如果一人所犯二罪相等者，亦不得累加，须从一而断。如盗绢五匹，应判徒刑一年，又殴伤人，亦应处徒刑一年，只能判处徒刑一年，不能把两种刑罚加到一起。如一罪先被发现，作出了判决，以后又发现别的犯罪，若前罪与后罪轻重相等，则应维持原判，不另加刑。如后罪重于前罪，则只加重于前罪之刑。封建法律中关于数罪俱发以重者论以及并合论罪的原则，体现了统治者"恤刑"的思想，同时有利于集中主要精力打击那些最严重的犯罪行为。

经过各个朝代的不断充实，历代统治者创立了矜老恤幼原则，区分故意与过失、偶犯与累犯、首要与胁从的原则，自首减刑原则等刑事审判原则，这些原则不仅为司法人员提供了定罪量刑的重要依据，也是古代司法文明进步的显著标志。

二、审判方式的演进

（一）天罚与神判

天罚与神判是夏商时期司法审判的主要方式。由于当时的生产力水平非常落后，人们对自然界发生的现象感到非常困惑，迷信思想、鬼神崇拜普遍存在。夏商统治者假托鬼神之意进行

第五章 司法文明

审判,从而产生了天罚神判的司法审判方式。

"天罚"即奉天罚罪,就是假借天的名义惩罚犯罪。按照我们今天所见到的资料,天罚主要是用在军事讨伐中。《国语·鲁语》记载:"大刑用甲兵,其次用斧钺;中刑用刀锯,其次用钻笮;薄刑用鞭扑,以威民也。"所谓"大刑用甲兵"指最重的刑罚是实行军事讨伐,有兴师问罪的意思。如传说中作为部落联盟首领的尧、舜、禹所进行的战争均属于动用"大刑"。《尚书·甘誓》记载启率军讨伐有扈氏时,在"甘"这个地方,举行军事誓师大会,启说,因为有扈氏得罪了上帝,上帝让我去讨伐有扈氏,我不敢不服从上帝的命令。这就是"天罚"。商汤讨伐夏桀前的《汤誓》和周武王伐殷纣前的《牧誓》中,都有类似的内容。所以夏商时期的"天罚"主要用于军事讨伐。

"神判"即假借神意判刑罚罪。世界历史上,每一个民族在早期发展时期,都经历过神判阶段,只是方式和手段不同而已。中国古代神判的方式和手段主要有两种:一是占卜判决;二是神兽判决。商代人迷信鬼神,具有极为浓厚的神权思想,一切听命于上天,各种重要事务大都以神的意志为依归,甲骨文大多数都是以探究神意的占卜为内容。从甲骨文的卜辞来看,商代大量的神判活动主要是由卜者(贞人)进行的,通过卜者占卜向神请示并作出判决。如甲骨文卜辞说,"贞:王闻惟辟?""贞:王闻不惟辟?",意思是说,敬问神明,王命用刑,宜否?王命不用刑,宜否?神明对卜问的答复,实际上就是卜者代表国王和司法官的意志所作出的决断。这就是占卜判决。

成书于汉代的《说文解字》中说:"灋,刑也。平之如水,从水。廌,所以触不直者去之,从去。"又说:"廌,兽也,似山牛一角。古者决讼,令触不直。""灋"这个字就有神兽判决的痕迹,廌即獬豸,是古代传说中的一种独角兽,据说它能明断曲直，裁判是非，顶触争端中无理的一方，将其摒弃。所以，"灋"字有三个组成部分：从水，从廌，从去。它的本意虽也为刑，但同时含有公平、正直之意。第一部分"从水"即所谓"平之如水"；第二部分"从廌"就是用廌这种神兽作为判断是非曲直，惩罚罪犯的一种活的工具；第三部分"从去"就是将犯罪驱除。所以，许慎说"廌，所以触不直者去之"。《史记》中记载尧舜时期著名的司法官皋陶判案时用獬豸裁判是非曲直。作为中国传统法律的象征，獬豸一直受到历朝的推崇。獬豸冠则被称为法冠，执法官也因此被称为獬豸，这种习尚一直延续下来。至清代，御史和按察使等监察司法官员都一律戴獬豸冠，穿绣有"獬豸"图案的补服。

(二)"以五声听狱讼"

西周初期，逐步摆脱神判法的束缚，总结司法经验，形成了"五听"的审判方法。《周礼·秋官·小司寇》记载："以五声听狱讼、求民情。一曰辞听，二曰色听，三曰气听，四曰耳听，五曰目听。"所谓"五听"，根据东汉郑玄的注释："观其出言，不直则烦；观其颜色，不直则赧然；观其气息，不直则喘；观其听聆，不直则惑；观其眸子视，不直则眊然。"辞听，听当事人陈述，理屈则言语烦乱或自相矛盾；色听，观察当事人的表情，理亏就会面红耳赤、惊慌失色；气听，听当事人陈述时的呼吸，无理就会紧张喘息；耳听，观察当事人的听觉，心里有鬼就会反应迟钝；目听，观察当事人的眼睛，无理则目光失神。因此，"五听"就是要求司法官察言观色，通过当事人的外在表现判断其言辞真实性的审判方法。这在某种意义上是审判心理学的萌芽。在物证技术极不发达的古代中国，"五听"的审判方式无疑体现了远神近人的人文精神，它与现代的司法心理学基本吻合，是中国古代司法文明的表现。

（三）刑讯制度化

刑讯，这一古老的审讯方法，早在奴隶制时代已经出现了。《礼记·月令》云："仲春之月……命有司省囹圄，去桎梏，毋肆掠，止狱讼。"春天，万物萌生，应当停止拷掠。但是，其他时间行刑并没有被禁止。《云梦秦简》中也有"律当笞掠者，乃笞"的条文。

秦朝以前，刑讯并无严格的制度规定，"榜掠千余"极其平常。被告不服，即可"以掠笞定之"[1]。汉景帝时开始对刑讯作了一些限制性规定，景帝前元元年（公元前156年）定《箠令》，规定了法定刑具的规格。景帝后元三年（公元前141年）又诏令对老幼孕妇等人犯，可"颂系之"[2]，即免于捆绑。

魏晋南北朝时创设了"测罚""测立"的刑讯制度。《梁律》首定"测罚"之制，即饥饿刑讯法。凡在押人犯，不招供者均施以"测罚"之刑。"断食三日，听家人进粥二升，女及老小，一百五十刻乃与粥，满千刻而止。"[3]成年男性三天喝一碗粥，妇女、老人和小孩一天半喝一碗粥，满十天再不招供就不能再刑讯了。《陈律》在此基础上创立"测立"之制，即疲劳刑讯法。证据确凿而不招供的囚犯，被鞭二十笞三十后，戴上枷，被迫站在一座仅能容立两足的高土垛上，"重械之下，危堕之上，无人不服"[4]。刑讯在《唐律》中得到进一步制度化。《唐律》规定，一般情况下，在刑讯之前，必须先通过"五听"

---

[1]《汉书》卷六十《杜周传》。
[2]《汉书》卷二十三《刑法志》。
[3]《隋书》卷二十五《刑法志》。
[4]《陈书》卷三十三《儒林·沈洙传》。

的审判方法审核口供的真实性，审察词理，反复参验，拒不承认者，可"然后拷讯"；未经法定程序拷讯犯人的，承审官要负刑事责任。享受八议及请、减特权的人，七十岁以上、十五岁以下的人，废疾者，不适用刑讯；审讯时应"拷囚不得过三度"，总数不得过二百。三度，即不超过三次，每次应相隔二十日；讯囚杖，长三尺五寸，大头三分二厘，小头二分二厘；受刑部位为腿、臀、背，唐太宗曾改免笞背；行刑官吏违反这些规定要追究责任。宋朝沿袭唐朝的规定，但在宋初曾对刑讯作过较严格的限制。宋太祖建隆三年（962年）严敕审判时应"设法取情，多方辨听"，只有在赃证确切又拒不招供时，"方得依法拷掠"〔1〕。明朝和清朝，刑讯制度进一步发展。《明律》《清律》卷首均载有《狱具图》，开列了讯、杖等刑具的名称和尺寸，规定刑讯的部位是腿和臀，不再笞背。然而，明清律中删掉了唐律"讯囚察词理""拷囚不得过三度"等限制性条文。

口供在古代司法制度中被认为是定案的主要的、权威的证据，因此为了获得口供，刑讯成为古代一种必要的司法手段。这是古代科学鉴定技术水平落后所决定的，也与每个朝代的文明程度相关。尽管刑讯的审判方式会产生错案冤案的负面效果，但从秦代以后，对刑讯手段和程序从不限制到限制，从随意性到制度化，反映了古代司法制度不断向文明的方向发展。当然，古人在制定法律和司法实践中也注意到不能只依赖"口供"定案的证据问题，规定贼案要赃，命案要伤，婚姻纠纷要婚约，继承案件要宗谱、分书，审讯时要传讯佐证，听取同案人、被害人证词，等等。如《唐律》规定，对于已有显而易见的证据，如盗案查获"真赃"，杀人案验得"实状"，尽管被告人不承

---

〔1〕《宋刑统》卷二十九《断狱律》。

认,也可"据状科断",即无须口供而按证据定案。

(四)"春秋决狱"

春秋决狱又称"经义决狱"或"引经决狱"。在汉代可以用来作为审判依据的儒家经典主要有《诗》《书》《礼》《易》《春秋》等五经,其中以《春秋》最为常用,所以称"春秋决狱"。它开始于汉武帝时期,是独尊儒术在汉代法制建设方面的表现,也是法律儒家化的重要步骤,其基本精神是依据儒家经典,尤其是《春秋》经的"微言大义"来审理案件、定罪量刑,由于得到汉代最高统治者的认可和提倡,成为当时解释和适用法律的最高根据,盛极一时。汉武帝时,名儒董仲舒还著有《春秋决狱》一书,其中收入案例约230个(书已佚失)。他病老退休以后,朝廷每遇大案拿不定主意,便派廷尉张汤等人亲到他家中请教,他都一一依照经义作出明断。

春秋决狱的重要原则是"原心定罪",又称"论心定罪""原情定罪"。春秋时代,许国太子止给有病的父亲进药,事先自己没有尝药,他的父亲吃药后就死了,太子因此犯了杀父罪。但太子进药是孝心的表现,他未先尝药只是一种过失,并非存心毒害父亲,因此太子不构成弑父之罪。汉代儒生从中体会出了"君子原心,赦而不诛"的"微言大义"。汉代儒家对"原心定罪"这一原则作过很多阐述。董仲舒说:"《春秋》之听狱也,必本其事而原其志。志邪者不待成,首恶者罪特重,本直者其论轻。"[1]桓宽的《盐铁论·刑德》篇进一步作了概括:"故《春秋》之治狱,论心定罪:志善而违于法者免,志恶而合于法者诛。"王充也曾作过明确的解释:"刑故无小,宥过无大,

---

[1]《春秋繁露》卷三《精华》。

圣君原心省意，故诛故赏误。故贼加增，过误减损。"[1]董仲舒、桓宽、王充的三段话总体来说是三层意思。第一层，"本其事而原其志"，即断罪要从犯罪事实出发，但不是只看事实，而是追究犯罪动机和犯罪原因及罪犯的心理状态。第二层，"志邪者不待成""首恶者罪特重""志恶而合于法者诛""刑故无小""故贼加增"。这里的"志邪""志恶"，指主观为恶；"故"，即故意。意思是说，凡心术不正，主观为恶，有犯罪的动机，即使犯罪未遂（"不待成"），也要加以惩罚；这种人的行为如果与现行法律相合也可以诛杀；故意犯虽然犯的是小罪，也要加重惩罚。共同犯罪中的造意者、组织者和领导者，即"首恶"分子，当然是"志恶"之尤，可以"罪特重"。第三层，"本直者其论轻""志善而违于法者免""宥过无大""过误减损"。"本直""志善"，指行为的动机、目的纯正，合乎道德人情，其犯罪属于过失（"过误"），因而虽然违法也可以免于处罚，减轻处罚，甚至犯的是大罪也可以宽宥。

可见，"原心定罪"的实质，是强调根据犯罪的动机、目的、心理状态等主观条件来定罪量刑，而衡量一个人的动机、目的是否正当，"志善"还是"志恶"的主要标准，则是儒家提倡的封建宗法伦理道德。这些伦理道德就是儒家经典中所谓的"微言大义"。儒家通过引经决狱、"原心定罪"，不只是将经典置于法典之上，还是将伦理道德置于法律规范之上，以达到伦理率法，以伦理改法，并最后制定出符合伦理的法。所以春秋决狱，"原心定罪"是中国古代法制实现以礼率法、纳礼入法、礼法合一的重要阶段。

尽管，春秋决狱这种审判方式存在一定的缺陷，因为儒家

---

[1]《论衡》卷十一《答佞》。

经义不是明确的规范性法律条文，注解杂芜繁多，一个儒生皓首穷经尚不能学通一经，一般司法官吏更不可能通晓全部儒经，于是必然造成断章取义，各取所需，这在客观上为酷吏舞文弄法、高下在心、出入人罪开了方便之门。但是，秦代法制以严酷著称，汉承秦制，严刑酷法循而未改。春秋决狱将儒家经义置于律之上，客观上起到了修正当时严酷之法的作用，有利于建立长治久安的社会秩序。而且，"原心定罪"要求分清犯罪的过失和故意、一贯和偶然，要求在定罪量刑时考虑犯罪人的行为目的、动机和心理状态，作为一种刑法思想，是进步的。

春秋决狱、"原心定罪"是中国法制史上特有的审判方式，它从汉代一直延续至魏晋南北朝时期，隋唐时期随着法制的不断完备和礼的规范全面法律化，以《唐律》的产生为标志，儒家经义全面完成了对成文法的改造，法律成为儒家经义的载体，春秋决狱才失去其功效而消失。

（五）调处息讼

在古代的诉讼审判活动中，并非一味以刑杀为威，相反，古人所追求的是"讼简刑轻"，力求实现刑措而不用的和谐社会。所谓历代"盛世"的重要标志之一就是"法致中和，囹圄常空"。"以和为贵"的司法理念在实践中即表现为调处息讼。正如孔子所说的"听讼，吾犹人也，必也使无讼乎"。[1]

在中国古代的文献典籍中，虽然没有"调处制度"的直接记载，但是，"调处制度"的内容却早已存在。据《韩非子》记载："历山之农者侵畔，舜往耕焉，期年，甽亩正。河滨之渔者争坻，舜往渔焉，期年而让长。东夷之陶者器苦窳，舜往陶焉，期年而器牢。仲尼叹曰：'耕、渔与陶，非舜官也，而舜往

---

[1]《论语注疏》卷十二《颜渊》。

为之者，所以救败也。舜其信仁乎！乃耕藉处苦而民从之。故曰：圣人之德化乎！'"〔1〕从韩非子的叙述中，可以看出尧舜时期的纠纷已经不少，舜与农民同耕，综合各方意见划定了田界；与渔民同渔，用仁义说服了大家将好的地势让给长者；与陶工同劳，用诚信使陶工造出好的器皿，以减少纠纷。孔子用"败"字形容当时的社会风气，这种社会风气的"败"坏，与原始部落后期的经济发展有关，也与当时即将形成国家的历史背景有关。舜每次"救败"，即解决纠纷的时间都很长，说明纠纷比较复杂而舜解决纠纷的方法也不是简单地裁决。这种纠纷的解决方法显然是说服式的"调处息讼"。

中国是在部落氏族的基础上形成国家的，所以部落时期的一些习惯得以保留并在现实生活中继续发挥着作用。汉朝文献记述西周官制时载，西周设"调人"，职掌为"司万民之难而谐和之"。一些婚姻田土等"细故"纠纷则调和之，过失杀伤人的刑事案件，也可以以调处的方式解决。如果涉及复仇的案件，比如过失杀死了某人的父母，孝子有复仇之责，所以不能阻止死者的子孙复仇，但应该劝说过失杀人者避之他乡。若有争讼（斗怒）者，先说合，即"成之"，"不可成者，则书之，先动者诛之"。〔2〕即调处不成者，则先记录在案，双方都不得私自再起事端，如果有一方率先又挑起事端，则以法惩处。

成书于西汉年间的《周礼》对"调人"职掌的记述，有可能存在着对西周制度的溢美之词，但是它对西周较为完备的调处息讼制度的记载则是可信的。因为有关零星的记载可以在其他文献及青铜铭文中得到印证。

〔1〕《韩非子》卷十五《难一》。
〔2〕《周礼注疏》卷十四《地官·调人》。

第五章　司法文明

秦代在县以下设置基层组织——乡，乡政权的办事人员有秩、啬夫和"三老"，"三老"即农老、工老、商老，其职责是掌管道德教化，调处民间纠纷。

汉代，地方长吏亲自宣传教化，和息争讼。据《后汉书·循吏列传》记载，刘矩为县令时，"民有争讼，矩常引之于前，提耳训告，以为忿恚可忍，县官不可入，使归更寻思，讼者感之，辄各罢去"。[1]韩延寿为左冯翊守时，"民有昆弟相与讼田自言"，韩延寿自责未宣明教化，遂闭门思过。两昆弟深刻自悔，表示终死不再相争。韩延寿以此"恩信周遍二十四县，莫复以辞讼自言者"。[2]

唐代，司法官多以伦理为据调处争讼，调处息讼已成风气。开元中韦景骏任贵乡令，"县人有母子相讼者，景骏谓之曰：'吾少孤，每见人养亲，自恨终天无分，汝幸在温情之地，何得如此？锡类不行，令之罪也。'因垂泣呜咽，仍取《孝经》付令习读之，于是母子感悟，各请改悔，遂称孝慈"。[3]有些著名的良吏致仕以后，乡人也请其裁决纷争。唐高宗时，元让以太子右内率府长史任满还乡，"乡人有所争讼，不诣州县，皆就（元）让决焉"。[4]

宋代是调处制度发展的关键时期，调处制度得到法律的确认。司法官吏对于民间诉讼，一般先行采取"调处息讼"。《名公书判清明集》记载："遇亲戚骨肉之讼，多是面加开谕，往往幡然而改，各从和会而去。如卑幼诉分产不平，固当以法断，亦须先谕尊长，自行从公均分。"

---

[1]《后汉书》卷七十六《循吏列传·刘矩》。
[2]《汉书》卷七十六《韩延寿》。
[3]《旧唐书》卷一百八十五《良吏上·韦景骏》。
[4]《旧唐书》卷一百八十八《孝友·元让传》。

元代调处结案以后,法律规定不许再起讼端,违者治罪。"今后凡第告婚姻、地土、家财、债负,如原告被论人等自愿告拦休和者,准告之后,再兴讼端,照勘得别无违错事理,不许受状。"[1]

明代的调处制度已经相当完备,法律明确规定:"凡民间应有词讼,许耆老里长准受于本亭剖理。"[2]其中最有特色之处,是在全国各乡设立"申明亭",由本乡人推举公直老人并报官备案,民间纠纷小事由老人主持,在申明亭调处。不经调处而起诉者,按"越诉"处理。经调处不能和息的,方得向官府起诉。明代后期,各地推行"乡约"制度,每里为一约,每隔半月集合一次本里的民众,宣讲圣谕,同时调处半月以来的邻里纠纷,约吏记录,如果当事人同意和解,则记入"和簿",不同意者方可到官府起诉。

清代法律中虽没有关于州县官将民间争讼批令调处的规定,但在司法实践中,调处总是处于被优先考虑的地位。康熙《圣谕十六条》的"和乡党以息争讼""明礼让以厚风俗",成为清代处理民间纠纷的最高准则。广泛流传于社会的乡规民约和宗法族规为民间调处提供了依据,使得清代的调处息讼手段日臻娴熟。

调处息讼的司法传统,反映了中华民族注重和谐的民族精神。中华民族在发展过程中受到伦理道德的影响,以宗族内部的和睦相处为重要的价值取向,在生产生活中体验到人与人之间只有和睦相处、互相帮助,才能取得生存与发展的机会。正是这种朴素的规律性认识,使中华民族形成了以和为贵、以争为耻的理念。革命根据地时期的"人民调解制度"和"马锡五审判方式"就源于传统的调处息讼制度,为现代具有中国特色

---

[1]《元典章·刑部》卷十五《告拦》。
[2]《大明律集解附例》卷二十六《刑律·杂犯》。

调解制度的形成奠定了基础。

三、死刑的核准与复奏

(一) 死刑的核准

决定死刑的权力由哪一级司法机关掌握，这是关系到能否正确适用死刑的重要问题。中国古代自秦汉以来，虽实行中央集权制，但郡县司法自成体系，对死刑往往自行判决与执行，不必奏请皇帝核准，仅报中央备案即可，只有重大疑难案件才需要逐级上报处理。西汉严延年当涿郡太守，派下属官吏赵绣追查豪强西高氏、东高氏的罪行。赵绣查得西高氏、东高氏应处死罪，但为了替其开脱，准备了两个罪状草稿：一个轻的，一个重的，想在见严延年时，先拿出轻的，如果不行，再拿出重的来。但严延年事先已有所知，在赵绣告以轻的罪状时从他怀中搜出了重的罪状。严延年当即把赵绣关进监狱，第二天早晨就把他处决于街市，而后再派官吏去追查西高氏、东高氏的罪行，各杀了几十人。[1]东汉董宣当首都洛阳令时，光武帝胞姐湖阳公主的奴仆白日杀人，因躲在公主家，官吏无法追捕。一天，公主外出的时候，又叫这奴仆陪乘。董宣就在路上等候，见车子过来时，勒住马缰叫车停下来，喝令仆人下车，当场杀死他。[2]

这两个案例说明，两汉时期郡守等地方行政长官具有生杀予夺的权力，但是对于某些案情重大或官僚贵族犯罪的死刑案件，就必须奏请皇帝核准。西汉王温舒任河内太守期间，为了严惩郡内豪猾，自河内至长安设置驿站，然后对豪猾进行大逮捕，相连坐千余家。"上书请，大者至族，小者乃死，家尽没入

---

〔1〕 参阅《汉书》卷九十《酷吏·严延年传》。
〔2〕 参阅《后汉书》卷七十七《董宣传》。

偿臧。奏行不过二日，得可，事论报，至流血十余里。"[1]这是属于案情重大、诛杀面广而奏请皇帝核准的死刑案件。汉武帝时绣衣御史暴胜之等"奏杀二千石，诛千石以下"。师古注："二千石者，奏而杀之。其千石以下，则得专诛。"[2]就是说，对官位秩禄在二千石以上的官吏判处死刑，要经皇帝核准，千石以下就不必皇帝核准了。

三国两晋南北朝时，尽管国家分裂，地方割据，但各政权仍要求杀人须奏闻，不得专杀。南齐征东将军王敬则杀路氏，其家人诉冤，齐武帝责问敬则道："人命至重，是谁下意杀之？都不启闻。"[3]北魏太武帝时规定："当死者，部案奏闻。以死不可复生，惧监官不能平，狱成皆呈，帝亲临问，无异辞怨言乃绝之。诸州国之大辟，皆先谳报，乃施行。"[4]

隋唐时，死刑通常要中央有关部门审查后再报皇帝核准。《唐六典·刑部》载："旧制，（死刑）皆于刑部详复，然后奏决。开元二十五年（737年），以为庶狱即简，且无死刑，自今以后，有犯死刑，除十恶死罪、造伪头首、劫杀、故杀、谋杀外，宜令中书门下与法官等详所犯轻罪，具状闻奏。"

宋元时期死刑仍须皇帝核准。宋太祖曾命令："五代诸侯跋扈，有枉法杀人者，朝廷置而不问。自今诸州决大辟，录案闻奏，付刑部覆视之。"[5]《元史·刑法志》载："及中原略定，州县长吏，生杀任情，甚至没人妻女。耶律楚材奏请：'囚当大辟必待报，违者论死。'从之。"

〔1〕《汉书》卷九十《酷吏·王温舒传》。
〔2〕《汉书》卷九十八《元后传》。
〔3〕《南齐书》卷二十六《王敬则传》。
〔4〕《魏书》卷一百十一《刑法志》。
〔5〕《宋史》卷三《太祖纪三》。

明清时期，死刑的核准制度臻于完备。明清的死刑，分为立决（立即执行）和秋后决（秋后执行）两种。清律称前者为"斩立决""绞立决"，后者为"斩监候""监候"。凡是性质特别严重的死刑案件，如谋反、大逆、谋叛及杀人、强盗罪中之严重者，要立决。一般死刑则待秋后决。这两种死刑都要经过中央司法机关和皇帝审核批准。立决的死刑案件，一般先经刑部审定，都察院参核，再送大理寺审允。在清朝，死罪案件在取得被告人口供以后，先由大理寺委寺丞或评事，都察院委御史赴刑部本司会审。狱成后，都察院左都御史或左副都御史、大理寺卿或少卿，带属员赴刑部会审。三法司定案为立决案件后，再会奏皇帝最后核准。至于秋后决的案件，则经过秋审和朝审。

（二）秋审和朝审

对于秋后处决的死刑案件，明代制定了朝审制度加以审核。明英宗天顺三年（1459年），"令每岁霜降后，三法司同公、侯、伯会审重囚，谓之朝审"。[1]霜降，在每年农历九月中旬，现在公历十月底左右。朝审不仅是审批死刑，而且含有宽宥之意，"霜降录重囚，会五府、九卿、科、道官共录之。矜疑者戍边，有词者调所司再问，比律者监候"。[2]也就是说，朝审的案件，分别情况，作出不同处理：情节有矜悯或可疑的改为戍边；囚犯有翻供异词的移调官府再审；符合法律的监候听决。开始时，每年会官审录，只进行一天就结束，明孝宗时，兵科给事中潘铎指出："审录数多，一日不能详定，恐致冤滥。"于是明孝宗诏令："每岁审录重囚，毋限一日。"[3]

---

[1]《明史》卷九十四《刑法志》。
[2]《明史》卷七十二《职官志一》。
[3]《明会要》卷六十五《刑二》。

清代在继承明代朝审制度的基础上，将死刑核准分为秋审和朝审两种。凡斩监候和绞监候的案件，都要经过秋审、朝审。秋审是审核地方各省所判的监候案件，朝审是审核刑部所判的监候案件。凡属于秋审的案件，各省督抚应将人犯提解省城，带领省城的按察使、道员等官进行"会勘"（共同勘核）并拟出处理意见，报送刑部。各省限五月内将案件报至刑部。经刑部、大理寺等法司勘核后，由刑部将原案材料和法司、督抚"勘语"，刊刷成"招册"（案件卷册），分送九卿、詹事、科、道各一份。秋审大典一般在霜降后第十一天定期举行，由三法司、九卿、詹事、科、道参加，地点在天安门外金水桥西。由于死罪人犯在各省关押，秋审仅凭招册进行书面审核。朝审的案件本来就由刑部审理，并且监候人犯的数目比秋审少得多，所以朝审程序开始的时间比秋审晚。但是朝审大典比秋审大典早一天，在霜降后第十天举行。朝审的死罪人犯关押在刑部的监狱里，因此，朝审须提人犯到堂，当堂朗读罪状，并进行讯问。经过两天的大典，秋审和朝审对监候的人犯作出四种处理结果：情实（罪情确实，应予处决）、缓决（有需要考虑的问题，暂缓处决，等下次秋审时再定）、可矜（老幼废笃疾及有其他值得同情的情节，可免死）、留养承祀（家中无人奉养父母和继承祭祀，可免死）。然后奏请皇帝最后审批。

清代统治者十分重视秋审、朝审。"二百余年来，刑部历办秋、朝审，句稽讲贯，备极周密。"[1]顺治帝曾指示刑部："朝审秋决系刑狱重典，朕必详阅招案始末情形允协，令死者无冤。"[2]康熙帝曾在懋勤殿，召大学士、学士等共同酌定在京秋

---

[1]《清史稿》卷一百四十四《刑法志》。
[2]《清史稿》卷一百四十四《刑法志》。

审情实重犯,取罪案逐一亲阅,再三详审,并指示说:"人命事关重大,故召尔等共相商酌,情有可原,即开生路。"[1]而且嘉庆时规定,地方司法长官秋审案件所审定上报的处理意见,与后来秋审的结果有出入,超过一定数量,要受到降级调任处分。嘉庆四年(1799年)规定:"各省勘拟秋谳,除失入仅一二案者,仍毋庸议外,如失入至三案者,将臬司巡抚降一级调用,加级不准抵销。四案者降二级调用、五案者降三级调用。如过此数,以次递加。"[2]嘉庆十年(1805年)则规定,对失出五案失入一案者予以处分。

(三) 死刑复奏

死刑复奏,是指已定判死刑的案件,行刑前必须奏请皇帝再次核准。这是中国古代独具特色的诉讼审判制度之一,其目的一是让皇帝对死刑是否执行有最后考虑的机会,以示慎刑;二是有利于皇帝对各级司法权的控制。

死刑复奏制度始于何时?有的观点认为始于北魏。但是《魏书·刑法志》所载:"当死者,部案奏闻。""诸州国之大辟,皆先谳报,乃施行。"只是说死刑须经皇帝核准,还难以断定这就是死刑执行前的复奏制度。死刑复奏制度正式开始于隋朝,《隋书·刑法志》载:"(开皇) 十五年制:死罪者,三奏而后决。"唐太宗由于错杀大理丞张蕴古和交州都督卢祖尚,后悔之余,下令:"凡决死刑,虽令则杀,仍三复奏。"[3]唐太宗又觉得,决囚虽实行三复奏,但顷刻之、三奏便完毕,来不及认真思考,于是改为五复奏:决前一日二复奏,决日又三复奏;各州的死

---

[1]《清史稿》卷一百四十四《刑法志》。
[2]《大清律例增修汇纂大成》卷三十七。
[3]《旧唐书》卷五十六《刑法志》。

刑案件仍三复。但是犯恶逆以上罪,及部曲、奴婢杀主罪,一复奏即可。《唐律》规定:"诸死罪囚,不待复奏报下而决者,流二千里。"《疏议》曰:"死罪囚,谓奏画已讫应行刑者,皆三复奏讫,然始下决。"[1]这里明确指出,复奏的对象是已经奏上批准应行刑的死罪犯人。可见,死刑复奏与奏请核准死刑是两种程序,而且《唐律》统一规定为三复奏,而无五复奏之制。唐以后的宋、明、清各朝法律均规定了死罪复奏制度,但在复奏的次数上有所不同。宋真宗时曾拟恢复三复奏,经臣下讨论,只规定京师死罪实行一复奏,州郡死罪则不复奏。明代死刑无论即决还是秋后决,都要三复奏。清顺治十年(1653年)规定,朝审的案件实行三复奏,秋审的案件则不实行。雍正二年(1724年),诏令秋审情实应决者,和朝审一样要三复奏。乾隆十四年(1749年),由于各省死罪复奏的案件太多,皇帝没有时间审阅,又命令朝审案件仍三复奏,秋审案件改为一复奏。隋唐以来所实行的死刑复奏制度,反映了历代统治者的慎刑思想,对于平反冤案、少杀慎杀产生了积极作用。

总括上述,可以发现,古代的诉讼审判制度中体现了宽仁慎刑,善待社会弱势群体;重视人命,实行死刑复核制度;调处息讼,实现社会和谐安定的主要特点,这是中国历代所推崇的重民、爱民、恤民的政治策略在司法制度中的具体体现,也是中华民族的古圣先贤缔造并遗留给子孙后代的丰厚遗产。尽管时移世易,其中仍有超越时空的合理因素,是值得借鉴的优秀传统法律文化。

---

[1]《唐律疏议》卷三十《断狱》。

第六章 监察文明

监察制度是国家政治制度的重要组成部分，也是我国法律制度的内容之一，是对国家机关工作人员进行监督、检查和处理违法失职行为的一种制度。监察制度主要是由监察机构、监察人员、监察法规和监察方式等构成。监察机构的建制规模、监察人员素质的高低、监察法规的完备程度和监察方式的多少等可以大致反映出一个国家、一个时代监察制度水平的高低。中国古代监察制度历史悠久，沿革清晰，制度完备，反映了中华民族的历史文化传统和特有的国情。中国古代监察制度萌芽于夏商周，确立于秦汉，完备于隋唐宋，加强于明清。在其发展过程中，形成了一系列颇具中国特色的机构、职能和监察法规，切实起到了国家机器运行中的制衡作用。历史证明，虽然古代监察制度是建立在封建专制主义中央集权基础上，服务于以皇帝为代表的地主阶级专政，但是它具有制衡、治官、监督、检察、弹劾、惩戒和教育之效能。唐睿宗称它为"彰善瘅恶，激浊扬清"，"政之理乱，实由此焉"。[1]清嘉庆皇帝说："明目达聪，责在御史。"[2]因此，了解并研究中国这个文明古国的监察制度的机构设置、监察法规等内容，总结其产生、发展和演变的规律，弄清其本质特征和影响，批判地继承历史上监察制度的经验，不仅会丰富我们对于中国政治制度和中华民族的国情认识、传承中国传统法律文化，而且对于建设中国特色社会主义监察制度具有重要的借鉴意义。因为篇幅的限制，本章只

---

[1]《唐大诏令集》卷一百《令御史录奏内外官职事诏》。
[2]《钦定台规》卷一《训典一》。

介绍中国古代监察制度的产生和发展概况、中国古代监察机构的设置和中国古代的监察立法三个问题。

第一节 中国古代监察制度的产生和发展

一、中国古代监察制度的产生

中国古代的监察制度产生于何时？研究者看法不一，大概有以下几种观点。

第一，春秋战国说。张序先生认为："中国古代的监察制度，始创于春秋战国时期。"[1]白钢先生认为："中国古代从有国家时起就已存在着国君对臣下的监察活动，同时也存在着以贵族为主体的国人对君主实行监督。从春秋中期以至战国，国君监察臣下之职主要委之于御史，同时又设立谏官以匡正国君的过失，我国的监察制度即滥觞斯时。"[2]

第二，战国说。关文发、于波先生认为，"我国奴隶制时代夏、商、西周、春秋的监察制度，同整个国家组织国家制度的发展一样，显然处于一个不成熟时期"。战国时期，"专门的监察机构在各国逐渐产生并发展起来"。[3]

第三，秦朝说。徐式圭先生认为，秦是监察制度的雏形时代。[4]张晋藩、王超先生认为："秦时监察制度还属初创时

---

[1] 张序："我国古代官员监察弹劾制度之演变"，载《政治学研究》1987年第5期。

[2] 白钢：《中国政治制度通史》（第一卷·总论），人民出版社1996年版，第541页。

[3] 关文发、于波主编：《中国监察制度研究》，中国社会科学出版社1998年版，第5页、第6页。

[4] 徐式圭：《中国监察史略》，中华书局1937年版，第87页。

期，所置监察机关已有大致勤务分工。"[1]曾小华先生认为："中国封建时代较为完备的监察制度始创于秦朝。"[2]李小树先生也认为，"中国的监察制度萌芽于战国时期以郡县制为主要标志的中央集权制替代世袭分封制之后"，"秦王朝设置了专门的监察机构，负责对中央机关和地方各级政府及其官员的监察"。[3]

第四，秦汉说。孙伯南先生认为："我国监察制度起源甚早，直至秦汉始具完备之规模。"[4]侯河清先生认为，我国古代监察制度经历了一个长期的发展过程，"秦汉为开始形成阶段"。[5]彭勃、龚飞先生认为："中国古代监察制度，作为具有一定规模、体系和专门职能的监察机构来说，是在秦汉时期形成的。但是任何社会制度的形成和发展，都有自身内在的基因和胚胎孕育时期。"我国古代原始社会末期管理制度的民主议事，"就是实施民主管理和民主监督。也就是中国古代监察制度的滥觞"。"在父系氏族公社这种具有原始民主的社会形态里，形成了人类社会原始的民主监察制度。"[6]邱永明先生认为，原始社会对氏族首领"制约的方式和措施尽管在形式上是简单的、原始的，但却是监察职能的先兆"，"夏商时期已产生了许多属于行政监

---

[1] 张晋藩、王超：《中国政治制度史》，中国政法大学出版社1987年版，第170页。

[2] 曾小华："中国封建时代监察制度的基本特点及历史作用"，载《中共浙江省委党校学报》1989年第1期。

[3] 李小树：《秦汉魏晋南北朝监察史纲》，社会科学文献出版社2000年版，第1页、第5页。

[4] 孙伯南：《中国监察制度的研究》，三民书局1982年版，第1页。

[5] 侯河清："中国封建监察制度的演变及其利弊"，载《求索》1988年第4期。

[6] 彭勃、龚飞主编：《中国监察制度史》，中国政法大学出版社1989年版，第12页、第13页。

察范畴的因素",秦汉时期封建监察制度形成。[1]

中国古代监察制度分为中央监察制度和地方监察制度,中央监察制度以御史制度为核心。秦代在中央设御史大夫,位列三公,掌管天下文书和监察。在地方,皇帝派御史常驻郡县,称"监御史",负责监察郡内官吏。两汉时,中央最高的监察机构——御史台,从原有的行政体系中分离出来,成为与行政系统平行、独立的国家监察机构,因此,大多学者认为,中国古代监察制度形成于秦汉时期。

二、中国古代监察制度的发展

基于以上观点,我们将中国古代监察制度的发展,大致分为以下六个阶段。

(1)萌芽阶段——先秦时期。夏商周三代的国家事务中已有监察的因素或监察的活动。春秋战国时期的御史已兼有监察使命。但这个时期尚未产生专职的监察机构,严格意义上的监察制度还没有建立,属于萌芽阶段。

(2)形成阶段——秦汉时期。秦创建御史大夫府为中央监察机构,在地方设置监郡御史。汉承秦制,在中央设御史府(台)的同时,增设丞相司直和司隶校尉为中央监察官。在地方设立十三部刺史,监察地方二千石长吏,并制定了第一个专门性的地方监察法规,给事中与谏议大夫等言官也已问世,古代监察制度基本形成。

(3)发展阶段——魏晋南北朝时期。这个时期中央御史台脱离少府,直接受命于皇帝,废司隶校尉,监察机构初步统一,

---

[1] 邱永明:《中国监察制度史》,华东师范大学出版社1992年版,第13页、第20页、第63页。

监察权扩大，自王太子以下无所不纠。谏官系统开始规范化、系统化，南朝建立了专门负责规谏的集书省，古代监察制度有了很大的发展。

（4）成熟阶段——隋唐时期。隋设御史台、司隶台、谒者台分别负责内外监察。唐在御史台下设台院、殿院、察院，分工明确、互相配合，地方则分十道（后增至十五道）监察区，形成比较严密的监察网。谏官组织分隶中书、门下两省，形成台谏并立的局面，古代监察制度趋于成熟。

（5）强化阶段——宋元时期。宋设立谏院，台谏职权开始混杂，趋向合一，地方监察设监司和通判，直隶皇帝。至元朝，取消谏院，台谏合一。地方设行御史台，统辖二十二道监察区，每道设肃政廉访使（提刑按察司），从而使中央与地方在监察机构上浑然一体。元朝还制定了一整套的监察法规，其中《宪台格例》是中国历史上第一部比较完整的监察法规。监察机构的改革和监察立法的完善使得古代监察制度进一步得到强化。

（6）严密阶段——明清时期。明改御史台为都察院，又罢谏院，设六科给事中，成为六部的独立监察机构，科道并立。地方设十三道巡按御史和各省提刑按察司，同时设督抚，形成地方三重监察网络。至清朝，将六科给事中归属都察院，科道合一，地方监察沿用明制。至此，我国古代监察系统达到了高度的统一和严密。清朝还以皇帝名义制定了我国古代最完整的一部监察法——《钦定台规》。这一时期，中国封建监察制度已发展到了历史的顶峰。

自鸦片战争后，中国沦为半殖民地半封建社会，经济基础及上层建筑发生了变化，资本主义的法律体系开始引入。1909年清政府仿照《日本裁判所构成法》编订了《法院编制法》，规定各级审判衙门内分别设立检察厅，置检察长一人，负责对刑事案件提起公诉，监督审判活动，监督判决后的执行。可以看出，清末的监察制度受资本主义国家的影响，已基本完成了古代监察制度向近代监察制度的过渡，在形式上确定了近代中国监察制度的地位。

第二节　中国古代监察机构的设置

"我国封建社会的监察机关是为了防止百官渎职失职，纠正各级官僚机构的工作失误，维护封建王朝的纪纲法度，巩固专制主义中央集权而确立的。"[1]我国古代监察活动的实施主要是由专门的监察机构来进行。我国古代监察机构历经各个朝代的演变和不断完善，形成了一个严密的组织体系，通过梳理古代监察机构的演变过程，我们能够更深入地了解中国古代监察制度、监察文明。

一、中央监察机构的设置

夏商两代尚处于国家机器的雏形时期，社会管理机构尚不完备，因此，监察活动还没有以制度的形式建立起来，没有形成专司监察的机构，也没有专职的监察官。西周为了维护宗法制度和礼制，在国家组织中出现了具有监察职能的御史、大宰、小宰、宰夫等官职，这些官职机构在《周礼·天官·冢宰》中均有规定。春秋战国时期，具有监察职能的官职有御史和谏官。《秦会要订补·职官上》云："秦赵之会，御史书事，而淳于髡亦云御史在前，掌记事纠察之任也。"春秋战国时期，在各类思想家的谏议理论推动下，为了使国家尽快地富强起来，许多诸

---

〔1〕　张晋藩、李铁：《中国行政法史》，中国政法大学出版社1991年版，第11页。

第六章 监察文明

侯国的政府机关设立了谏官，专司谏诤。齐国"五官制度"中有"大谏"一职，专司谏诤国君的违失。赵国设左右司过，掌谏议。

秦代二世而亡，加之现有文献资料不足，我们无法了解秦代监察制度的详情，但秦代已有监察机构是很明确的。秦代的中央监察机关称御史府，亦称御史大夫府、御史大夫寺。设御史大夫、御史中丞、侍御史、监御史等官职。御史大夫为"侍御史之率，故称大夫"[1]。齐召南在《汉书考证》中曾明确指出，"御史始于周"，"御史大夫官始于秦"。可见，御史大夫为秦所设。御史大夫位居副丞相，司掌辅佐丞之职，并拥有典正法度、举劾非法的职能，可以代表皇帝纠弹内外百官，也可以司察丞相非法，弹劾丞相。御史中丞是御史大夫的主要属丞，其禄秩仅千石，地位却很特殊，被称为"贰大夫"。李华的《御史中丞厅壁记》载："御史亚长曰中丞，贰大夫，以领其属。汉仪，大夫副丞相，以备其阙，参维国纲，鲜临府事，故中丞专焉。"御史中丞处于宫廷之中，随侍皇帝左右，是皇帝的近臣，因此职高权重，不仅监察朝廷及皇室，同时还负责监察百官公卿。侍御史因其所掌及朝会时总是侍立在殿柱之下，故又称柱下史。《通典·职官六》云："侍御史于周为柱下史，老聃尝为之。秦时张苍为御史，主柱下方书，亦其任也。又云苍为柱下御史，明习天下图书计籍。一名柱后史，谓以铁为柱，言其审固不桡也，亦为侍御史。"侍御史有监督法律法令实施之责。

汉承秦制，汉代的监察制度与秦代一脉相承，但又有发展，其主要标志是出现了以专职监察官中丞为首脑的专门的中央监察机构御史台，建立了固定专职的地方监察官刺史制度。汉代

---

[1]《通典》卷二十四《职官六》。

中央监察机构主要有：

（1）御史府（台）。

御史府在西汉又称为御史大夫府，与丞相府合称"二府"。东汉以后御史府又称为御史台、兰台寺、宪台。西汉御史府长官为御史大夫。御史大夫是全国最高的监察官。御史大夫之下设御史中丞、御史丞和侍御史等。御史大夫是御史府的最高长官，与丞相、太尉合称三公。御史大夫的职责有：佐助丞相，统理朝政；掌管百官奏事的奏章；按章举劾，监察内外，察举非法、整肃纲纪。汉代的御史大夫以副丞相为第一职，中央最高监察长为第二职。御史中丞是御史大夫的主要属丞，和秦一样被称为"贰大夫"。《初学记·职官部下》载："御史中丞，秦官也，掌贰大夫。汉因之。"御史中丞实际掌握了御史府的权力，是主持御史府常务的实际长官。西汉成帝时，御史大夫改为大司空，御史中丞正式接替了御史大夫的位置，成为御史台的最高长官，独立行使监察权。御史中丞的职能主要有：掌图籍秘书，外督部刺史，内领侍御史，纠察百官等。侍御史是御史府的主要官员，既是一种专称，又是一种泛称。据《历代职官表·都察院》记载，西汉侍御史的职务名称有治书侍御史、符玺侍御史、绣衣直指、督运漕御史等。汉代的御史府组织严密，机构配置齐全，分工具体，标志着中国御史监察制度的确立。

（2）丞相司直。

丞相司直是丞相府的属官，只执掌监察，不理朝政，是丞相直接率领的监察官员。丞相司直主要辅佐丞相纠举不法，其监察范围很广，从州郡地方官，到中央官吏，包括副丞相、皇帝贵戚近臣都在其监察范围之内。

(3) 司隶校尉。

司隶校尉是汉武帝临时设置的督捕之官。巫蛊案之后，司隶校尉专司察举京城及三辅（京兆尹、左冯翊、右扶风）、三河（河内、河东、河南三郡）及弘农七郡等地的百官违失，成为独立的监察机构。因此，司隶校尉既是地方监察官又是中央监察系统。东汉时，司隶校尉的地位较西汉高，光武帝特诏御史中丞与司隶校尉、尚书令会同并专席而坐，故京师号曰"三独坐"。

御史中丞、司隶校尉、丞相司直都为中央监察官员，但是三者互不统属。御史中丞为中央监督机构的长官，司隶校尉为皇帝特设的监察官员，丞相司直则代表丞相执行监察权。从品阶上讲，丞相司直为最高，司隶校尉次之，御史中丞为最低。由于司隶校尉是监督京都百姓的监察官员，所以有权监督丞相司直，但司隶校尉实际上是地方监察官，又受御史中丞的监督。三者各有分工但又互相牵制。可见，汉代中央监察系统组织严密，设计颇具匠心，使得天下官员无不处于严密的监督之下，包括监察官员亦受人监督。

三国两晋南北朝的监察组织完全独立，机构初步统一。魏晋以来，御史台脱离了少府的管辖，成为由皇帝直接掌握下的独立的中央最高监察机构。这是一个超然于行政系统之外的新监察体制，是中国古代监察制度发展史上的重要成就。魏晋南北朝时期，御史权力进一步拓展。御史中丞的监察权自皇太子至公卿百官，无所不纠。同时，魏晋南北朝的谏官系统初步系统化和规范化，谏官具有独立的领导机构门下省和集书省。秦汉时言谏官给事中（汉代无谏职）是加官。谏议大夫是郎中令的属官，汉隶光禄勋［武帝太初元年（公元前104年）改郎中令为光禄勋］，二职均无定员，且地位不高亦不成系统，所以影响不大。至魏晋，随着门下省的形成，在汉代光禄勋内的中大夫、太中大夫、谏大夫（后汉改为谏议大夫）、给事中等谏官逐渐隶属于门下省。门下省内还先后出现了侍中、散骑常侍、给事黄门侍郎、中常侍、通直散骑常侍等谏官，这些谏官归门下省，与侍中、门下合并起来，而与其他的郎官、谒者分离出来，这是谏官制度发展的重要一步。南朝时，原门下省内的散骑省演化为集书省，且又从门下省分出，专行"规谏"之权，谏官组织就更加明确化。集书省上有散骑常侍，下有给事黄门侍郎和给事中、谏议大夫等官职。迄此，中国古代谏官组织开始系统化、规范化。魏晋南北朝时期的言谏官，职权大大提高，可直接与皇帝讨论国政，有权驳正政令违失，其与御史台配合日益默契。谏官对上"讽议左右，以匡君失"，御史对下"纠举百官，以肃史治"，从而形成了具有中国特色的监察制度，即台谏制度。

隋代的中央监察机构有御史台和谏官组织。隋代为提高御史台的地位，又重新设置了御史大夫为御史台长官，代替了东汉以后的御史中丞，专掌纠察。隋代的谏官组织基本承袭南北朝，谏官隶门下省。

唐代，"御史台具有高于其他府衙的显赫地位"，"御史台在权力的行使上基本实行直接向皇帝负责的垂直领导制"。[1] 在御史台下又分设三院：台院、殿院、察院，正式形成一台三院体制。在御史台设御史大夫1人，正三品，御史中丞2至3人，正四品下。台院是御史台的基本组成部分，设侍御史6人，负责纠弹中央百官，处理御史台日常杂事。殿院设殿中侍御史9人，专掌朝会、巡幸、郊祀之仪礼纠察，并巡察京城内外。察院设监察御史15人，其中3人分别监察六部中的两个部，号称"六

---

[1] 钱大群、艾永明：《唐代行政法律研究》，江苏人民出版社1996年版，第60页。

察官",其余12人巡按州县,分察地方行政官员,有时也充任监军使。在三院中,台院职事最重,殿院的地位最显,察院的权力最大,但品阶也最低,监察御史正八品下,同于小县的县令之品阶。唐御史在职能方面,既总结和继承了秦汉以来我国监察机构的职能,又有新的发展。如监察权方面,加强了对礼仪的监察和对行政机关六部的监察,还取得了部分司法审判权,对财政经济工作也行使监督权,并且还有监军的职能。从政治、经济、军事到司法,无所不察。迨至唐代,在中书、门下两省设立谏官组织,主要设有谏议大夫和补阙、拾遗等,其职权和规模比前朝扩大,正式形成了台谏并立的格局,谏官负责规谏皇帝,御史台负责督察百官,促进了盛唐时期政治清明和国势强盛。台谏的形成,标志着封建监察制度趋于成熟。

宋代中央监察系统由御史台和谏院两部分组成。御史台系统基本沿唐制,谏官系统至宋代已发展到最后的顶峰阶段,组织独立,自成系统。

(1) 中央御史台建制和职官分工。

宋朝御史台仿唐制,在御史台内部设置三院。《宋史·职官四》载,(御史台)其属有三院:一曰台院,侍御史隶焉;二曰殿院,殿中侍御史隶焉;三曰察院,监察御史隶焉。宋御史台虽一如唐制,但宋初不仅"无定员,无专职",而且员额也减少。唐朝台院侍御史有6人,而宋朝仅设1人;唐朝殿院侍御史有9人,宋朝减至2人;监察御史,唐设15人,宋只设6人。相反,宋朝御史吏员比汉唐时增多,官与吏的比例,大体为1比4,御史台的大量具体事务都由吏员职掌。宋朝御史台官制到神宗元丰五年(1082年),才"定员分职",由御史中丞为台长。宋御史台三院,以监察御史权最重。

(2) 言谏系统的组织机构。

宋代的言谏组织按言谏、审驳两大职权分设门下后省和谏院两大相对独立的部门。元丰政制时增设门下后省，设左散骑常侍1人，给事中4人，左谏议大夫、左司谏、左正言各1人。门下后省还设有通进司和进奏院两个机构，职权为监督百官违失，还具有封驳权。谏院在神宗时期设知院官6人，以两省官充任，其中左右谏议大夫各1人为长官，从四品；左右司谏各1人，正七品；左右正言各1人，从八品。谏院职掌是"供奉谏诤，凡朝廷阙失，大则廷议，小则上封"。[1]谏院之下，又设登闻鼓院和登闻检院。登闻鼓院为官吏士民的进奏机关，登闻检院为进状的再审机关。宋代以前，中国监察制度都是台谏分立，各司其职。至宋代台谏机构仍然分属于两个系统，但御史台系统和谏官系统的职权开始混杂，台官具有言事权，谏官具有弹劾权，台谏趋向合一。

元代中央监察机构的主要变化是取消了言谏机构，谏官谏职归御史台，由御史兼而行之，台谏完全合一。同时提高了御史台的地位，御史台与中书省、枢密院地位并重，鼎足而立。忽必烈曾说："中书朕左手，枢密朕右手，御史台是朕医两手的。"[2]元代改一台三院为两院，撤销台院，其职权并入察院，察院设监察御史32人，改殿院为殿中司，形成御史台下辖殿中司、察院的体制。改制后的元代御史台职官设置：台内官员设左右御史大夫2人，为台长，其中以右御史大夫为御史台之首，俗称"头大夫"。品秩地位与中书省平章政事、枢密院知院同等，均为从一品官。御史中丞2人，正二品，为御史台副长官，

---

〔1〕《文献通考》卷五十《职官考四》。
〔2〕《草木子》卷三下《杂制篇》。

但必要时,中丞可主持台务。中丞之下还设侍御史2人,从二品,治书侍御史2人,正三品。殿中司仅设殿中侍御史2人,正四品。由于台院的职权并入察院,监察御史人数激增,由宋代的6人增至32人。御史台官员总共达42人。

明代中央监察机关的名称体制、职权发生了重大变化。首先,改御史台为都察院。废除了唐宋以来的一台三院制,都察院成为明代中央的最高监察机关。设左、右都御史各1人,正一品,为都察院长官,职掌纠劾百司,提督。各道还设左、右副都御史各1人,正三品,相当于前代的御史中丞。都御史下设司务厅、经历厅、照磨厅、司狱厅,处理都察院日常杂务。都察院内专设监察御史118人,皆正七品,分掌监察各省。都察院的官吏大致可以分为三类:第一类是都御史、副都御史和佥都御史,是都察院的高级官吏,即主管官员,谓之坐堂官。第二类是经历、都事、司务、照磨、司狱,这类官是坐堂官的直属办事机构中的官员,参与院务工作。第三类是监察御史,是察院直接行使监察权的专职监察官。他们组织上虽隶属都察院,但有较强的独立性,可以不受都察院的制约而独立行事,有事可以单独进奏。监察御史和都御史同为皇帝耳目,可以互相监督。其次,明代在都察院系统之外专设六科给事中,对六部进行监察,六科对口六部,每部设都给事中1人,左右给事中各2人,其下又有给事中若干人。六科给事中为独立机构,直属天子,与十三道监察御史合称科道,分察内外百官,使台谏并行的监察制度发展到了一个新阶段。六科给事中的设置,有效地钳制了六部的工作。

清代大体沿用明代都察院、六科给事中之制,但也有发展。

(1) 科道合并。

雍正以后,为了提高监察机关的效能,将六科给事中并于都察院，明确规定六科给事中隶属于都察院，与各道监察御史合称"科道"，分别负责京内外官吏的纠察，使监察系统在体制上归于统一。从而解决了系统上的重叠和彼此间不必要的矛盾，进一步提高了监察效能，使中国封建监察机构达到空前统一。

（2）五城察院。

五城察院即为稽察京都地区治安的监察机构。清代把京城分为中、东、西、南、北五城，都察院分派御史巡城，并在每城设巡城御史的衙门，都称为"察院"，统称为"五城察院"，或称为"五城御史衙门"，或简称"五城"。其长官名为"巡城御史"，由科道中简派，一年更换一次（初为半年，继改二年，以后改一年）。五城又分别设兵马司，每司又分为二坊，由五城御史督率管理，负责审理诉讼、缉捕盗贼等事。

（3）稽察内务府御史处。

稽察内务府御史处又称稽察内务府御史衙门。雍正四年（1726年），设内务府御史4人，雍正十三年（1735年）裁减。乾隆三年（1738年）复设内务府御史2人，由协理陕西道及掌贵州满御史2人兼管，下设经承3人，亦铸有稽察内务府御史铜印。对广储司、六库等更调交盘及取用存储物件之数目，随时稽察。此外，还负责稽察紫禁城内混入客留闲杂之人，随时将容留者参办。

（4）宗室御史处。

宗室御史处又称稽察宗人府衙门。雍正五年（1727年）设立，铸有稽察宗人府御史铜印。由十五道的宗室御史2人兼管，1人掌印，1人协理，下设经承3人。

从稽察内务府御史处和宗室御史处的职掌看，他们均注重于财务监督，是事实上的审计机构。六科给事中、五城察院、稽察内务府御史处和宗室御史处，这些机构都隶属于都察院，但又是部门专察机构,这是清代监察制度的一大创设,说明清代加强了对中央部院衙门的监察。

二、地方监察机构的设置

中国古代两千多年的封建社会中,历代封建统治阶级为了巩固和加强封建专制的中央集权,都十分重视对地方政权的控制,为此建立了严密的地方监察制度,各个朝代都设置了相应的地方监察机构。

地方监察机构初创于武王灭殷,分封诸侯,同时为了维持其盟主地位和国家统一,建立了"巡狩"制度。天子每五年要出巡一次,目的是对诸侯的行为进行监督。东周晚期,诸侯争霸,周天子失政,但这种监察制度却得以承袭,即各诸侯国的国君、相国及郡守,都要定期到所属之地巡察,当时称为"巡行"或"行县"。

战国时期地方监察制度发生变化,产生了监察官御史。御史一职本是随侍国君左右掌文书簿记的人员,后来国君为了控制所辖之地,常派他们到各地去监督官吏,逐渐演变成监察官。这一时期,对地方的监察还未形成一套完整的制度,还未设置专门的机构和人员。

秦代为了加强中央对地方的层层控制,创立了郡县制地方政权制度。为了对郡县两级地方政府工作进行监督与控制,秦朝专门设置了负责监察工作的官吏——监御史。秦始皇统一天下后先是将天下分为三十六郡,后来又增加为四十郡。每郡委任一名御史,专事监察。刚开始时御史为巡察官四处巡察,无固定住所,后来改为监守官,有固定住所,常驻郡守,实地监督,因此称为监御史。监御史由中央委派,负责监察郡守和其他官吏,直接受御史中丞领导,并向其报告工作。监御史的确立,使秦封建中央政权对地方政权的监察落到了实处,从而有效地实现了对地方政权的控制。监御史由巡察官改为监守官,常驻辖区,开创了地方监察机构固定和官吏专任的先例,被其后的历朝历代所继承和发展。汉代地方监察机构的设置主要有以下三个官职:

(1) 刺史。

汉武帝时,豪强地主兼并土地、诸侯王公骄奢淫逸、富商大贾交结王侯、地方官吏不遵法度,直接威胁着皇权的巩固和国家的统一,而临时派遣监御史、丞相史监察地方的做法,不能有效地约束、限制地方官吏的违法行为,于是汉武帝设置部刺史。"初置刺史部十三州",[1]每州统领管辖若干郡,将全国分为十三个监察区,各派常驻刺史一人,负责对地方郡国的监察。刺史实际上是中央派往各地视察、检举不法的使者,是皇帝对郡守和王国进行监察的耳目,刺史与中央的关系,是被领导的垂直关系,其直接由御史中丞管辖,不受地方行政长官的干涉,其监察的主要对象是薪俸二千石的官吏,诸侯王也在其督察的范围之列。"刺者,言其刺举不法;史者,言其为天子所使也。"[2]如果发现郡守失职,刺史只能上报朝廷,而不能直接处理。刺史权力极重,很容易对地方官吏进行控制,特别是在东汉后期,由于中央政权削弱,农民起义不断发生,为了镇压农民起义、干预地方行政和领兵的权力,汉灵帝在中平五年(188年)正式将州定为地方一级政权,形成了州、郡、县三级地方制度,刺史改名为州牧,不再是纯粹的监察官了,成了权力极大而没有人制约的地方长官,具有统辖郡、县,镇抚地方

---

[1]《汉书》卷六《武帝纪第六》。
[2]《玉海》卷一百三十一《官制·汉部刺史》。

的权力。至此，汉武帝时期建立起来的以刺史为主要特征的地方监察制度走向解体。

（2）司隶校尉。

司隶校尉专司察举京城及三辅（京兆尹、左冯翊、右扶风）、三河（河内、河东、河南三郡）及弘农七郡等地的百官违失。所以从监察对象上看，它应属于地方监察机构。

（3）督邮。

西汉初期，对县一级的官员尚未有严密的监察体制。汉武帝时，在置十三州部刺史的同时，郡一级设置督邮，"掌监属县，有东、西、南、北、中部，谓之五部督邮也，故督邮、功曹之极位"。[1]"督邮分明善恶于外。"[2]督邮主要监察的是属县官吏，定期巡察部内诸县，定期向郡太守汇报，只有监察权，没有处置权。

三国两晋南北朝是一个历时三百六十多年的大分裂大动乱时代，这个时期，军阀分裂割据，战乱纷飞，权臣争霸篡位，门阀世族势力操纵朝政。统治阶级没有过多的精力进行监察制度的建设，但也在努力完善着监察制度，这一制度在继承秦汉以来地方监察机构的同时也有所发展，不同程度地继承了刺史、司隶校尉和督邮的建制，发展变化有以下两个方面。

（1）司隶校尉被废除。

汉武帝创置司隶校尉，规定其主要职权是监察京师及附近地区。东汉末年，司隶校尉的监察权迅速扩大。至魏晋之际，司隶与中丞并驾齐驱，司隶校尉在西晋一直设置着，到了东晋时期，随着御史中丞职权的加强、监察范围的扩大，司隶校尉

---

[1]《通典》卷三十三《职官十五》。
[2]《汉书》卷七十六《韩延寿传》。

和御史中丞的职权因重叠而产生冲突，不利于监察职能的发挥，于是罢司隶校尉，其监察权合并于御史台，其行政权合并于州刺史，从而实现了中央监察机构的初步统一。

（2）南朝设典签。

南朝宋、齐、梁、陈统治时期，创置典签一职以加强对地方的控制，北朝予以继承。典签，本是处理文书的吏员。南朝宋、齐时，鉴于世族势力咄咄逼人，威胁中央，国家多以宗室子弟为州郡军政长官（刺史、太守或都尉），同时，君主常常派寒门出身的亲信官员出监地方，牵制地方官吏的权力，这种监察官就叫"签帅"或"典签"。典签的职位很低，但他们倚恃皇帝的信任，可以代替地方官批阅公事公文，地方官向中央呈奏的公文也必须由典签副署，诸侯王的一举一动都受到他们的监督。典签以区区小吏，动辄可以掣肘地方官行事，俨然成为地方官的上级。"诸州唯闻有签帅，不闻有刺史。"[1]总之，典签制是寒门兴起的产物，是南朝统治者强化皇权，加强地方监察的重要措施。南朝典签制始于宋，盛于齐，梁武帝禅位后，宋、齐两朝用诸王作镇将，用典签监视诸王，权力集中于皇帝一人，造成骨肉相残。因此，在政权初步稳定后，朝廷公开给诸王宗室以实权，减弱了典签监视诸王的职能。北朝的典签职能主要为监督州府仓库财物出纳，其地位高于县令。

隋代因加强中央集权，地方监察制度也受到了重视。隋朝在改革地方行政制度的同时，也加强了对地方官吏的监督。

（1）司隶台。

隋初对地方的监察没有定制，大业二年（606年），隋炀帝设置了司隶台，仿汉朝刺史而设，掌巡察，不受御史台统属，

---

[1]《南史》卷四十四《巴陵王子伦传》。

主管地方官员的监察与考绩。司隶台以司隶大夫 1 人为长官，正四品，掌诸巡察。隋炀帝时设别驾 2 人为副职，从五品。刺史 14 人，正六品，巡察除两都外的全国各地。另置诸郡从事 40 人，作为刺史巡察的副手。刺史定期巡察地方，每年二月开始巡察郡县，十月返回京师向相关部门或直接向皇帝汇报。可见，隋朝刺史不同以往，不掌民政，专司监察。

（2）谒者台。

隋炀帝时，谒者台与司隶台同为中央对地方的监察机关。当时，谒者台除监察权以外，还有《隋书·百官下》所载"掌受诏劳问，出使慰抚，持节策授及受冤枉而申奏之。驾出，对御史引驾"等职能。谒者台置谒者大夫 1 人为长官，官阶从四品，后改为正四品。司朝谒者 2 人为副贰，从五品。谒者台机构较为庞大，人员达近 200 人。属官有丞、主簿、录事、通事谒者、散骑郎等人，后来这些官职均被撤，以员外郎取代。出使时根据事情大小、官品高低派遣，代表皇帝出使监察。谒者台是秦汉以后临时性的遣使巡察制度，并成为唐代巡察使的前身。

唐代的地方行政体制沿承隋制，设郡（后改为州）县二级，州长官为刺史，县长官统称令。贞观元年（627 年），唐太宗依"山河形便"将全国分为十道，即关内道、河南道、河东道、河北道、山南道、陇右道、淮南道、江南道、剑南道、岭南道。道为监察区，十道即十个监察区。开元二十一年（733 年），增设京畿道、都畿道、黔中道，并将山南道分为山南东道和山南西道；将江南道分为江南东道和江南西道，"凡十五道，各置采访使，以六条检察非法；两畿以中丞领之，余皆择贤刺史领之"。[1]唐肃宗至德之后，改采访使为观察使，并领都团练使，分天下为四

---

〔1〕《资治通鉴》卷二百一十三《唐纪二十九》"玄宗开元二十一年十月丁巳"。

十余道，大者十余州，小者二三州。唐后期，道由监察区向行政建制转变，州、县二级制发展为道、州、县三级制。唐代的地方监察系统主要有以下三个系统。

（1）御史巡按系统。

以监察御史巡按郡县，是唐代地方监察制度的主体。唐制监察御史"掌分察巡按郡县"，[1]处理重大的刑事和官吏不法贪赃案件。唐代监察御史"奉制巡按"，"持有制命"，[2]代表朝廷旨意行使监察权力，有极高的威望。

（2）使臣监察系统。

唐代除监察御史"巡按郡县"之外，还有皇帝特派监察地方的使臣系统。皇帝直接派出除御史以外的监察使臣，巡察州县、考察吏政、察举官郡，对地方官吏进行监察、推勘和黜陟。唐朝以前，皇帝派使臣监察地方官吏的现象并不少见，但唐朝派往各地的监察使臣，由于特定的历史背景逐渐演变为道一级的监察官，开宋代路级监司制度之先河，在中国古代地方监察体制发展史上具有重要的地位。

（3）地方监察系统。

唐代有358个州府，1551个县，地方监察工作量极大，仅靠监察御史与各道巡察使是不能完成的，日常监察必须由地方承担监察职责的官吏来完成。都督和刺史是唐代前期地方行政的最高长官，同时也是地方监察官。都督、刺史职察州县，每年一次视察所管州县，询问百姓疾苦，纠弹不法官吏。地方州县具体负责监察业务的主要是录事参军与主簿。唐玄宗分天下为十五道，每道置采访使。采访使便成为道一级的监察官。但

---

[1]《旧唐书》卷四十四《职官三》。
[2]《唐会要》卷六十《御史台·监察御史》。

第六章 监察文明

在安史之乱之后，罢采访使，节度使成为道的军事、行政长官，具有一定的监察权。

宋代对地方官吏的监察，主要设置了以下机构。

（1）通判。

宋代的府、州、军、监级监察机构是通判厅。通判厅不仅要监察府州军监级官吏，而且还要按察本辖区的县级官吏。朝廷往各州府派遣监察官员，称通判。通判与知州同领一州政事，又专掌监察。凡一州的民政、财政、治安、司法等事务，除知州负责外，必须有通判的副属才能施行。此外，通判有要事直达皇帝的特权，形成了对知州有效的监督。

（2）走马承受。

路本是宋为适应战事需要在地方设置的临时区划，后来，路逐渐演变成地方最高一级行政机关。中央在路派遣了监察官，称走马承受。一般由皇帝委派三班使臣或近侍出任，权力之重可与地方行政长官相制衡。其监察范围广泛，凡"民生之利病，法令之废举，吏治之清污、能否，凡郡邑之政"，[1]还可以"预闻边要主帅机宜公事"[2]直接向皇帝报告，是皇帝的耳目。

（3）监司。

监司是指转运司（又称漕司）、提点刑狱司（又称宪司）、提举常平司（又称仓司），三司机构各有其本职，但朝廷又赋其监察地方官吏的权力，监察地方吏政成了三司机构共有的"副业"。

---

[1]《宋大诏令集》卷二一二。
[2]《续资治通鉴长编》卷一九一。

(4) 州府。

宋代的地方监察体制比较严密，除监司、通判有监察职能之外，州府也有监察县令的职能，如南宋度宗朝明确规定"监司察郡守，郡守察县令，置籍考核，岁终第其治状"[1]上报朝廷。

元朝在地方建立了专门的监察机构，组成了从中央到地方自成体制的监察系统。全国设22个监察区，每区设提刑按察司（后改为肃政廉访司），其主要职能是定期巡察本道内各路、府、州、县，监察各级官吏，纠肃风俗，监督铨选等。二十二道小监察区通过行御史台的沟通而总绪于中央御史台。从而由御史台、行御史台、诸道肃政廉访司组成了全国三级监察网络。元朝地方监察机构主要有行御史台与肃政廉访司。

(1) 行御史台。

元朝行省制度的确立，使中国地方监察制度出现了新的特点。其中最有代表性的是设置了行御史台。至元十三年（1276年），监察御史田滋上疏建议："江南新附，民情未安，加以官吏侵渔，宜立行御史台以镇之。"[2]元世祖采纳了他的建议，设置行御史台。行御史台是中央御史台的派出机构，是地方的最高监察机构，行御史台各置御史大夫一员，御史中丞二员，侍御史二员，治书侍御史二员。行御史台的职能主要为监察弹劾行中书省、宣慰司等以下相关官员的违法事件等，它与地方最高行政机关行中书省不是隶属关系，而是平行关系。行御史台的设置解决了中央与地方监察结合的问题，弥补了中央与地方监察制度不相衔接的弊病，起到了中央与地方监察衔接的桥梁

---

[1]《宋史》卷四十六《本纪第四十六·度宗》。
[2]《元史》卷一百九十一《田滋传》。

作用。

（2）肃政廉访司。

地方上除行御史台外，于至元六年（1269年）设四道提刑按察司，以后逐步分置其他诸道，最后共二十二道。至元二十八年（1291年）鉴于按察司不能长驻地方进行监督，改为肃政廉访司。各道肃政廉访司不隶属于行省，只隶属于御史台或行御史台，监督行省以下的路、府、州、县，通过垂直管理有效确保监察机构的权威。每道肃政廉访司除设廉访使外，还设副使二员，正四品，佥事四员，正五品。肃政廉访司纠察百官，监督纠劾各道所属地方官吏，也掌管监察司法活动，同时监督科举。"所在官司迟误开试日期，监察御史、肃政廉访司纠弹治罪。"[1]通过设立行御史台以及二十二道肃政廉访司，元代地方监察系统形成非常严密的监察体系。中央御史台监察中书省、枢密院及邻近行省，行御史台监察其他行省，二十二道肃政廉访司监察行省下属路、府、州、县，形成从中央到地方空前完整、严密、庞大的监察网络。

明初沿用元制，中央设中书省、都督府、御史台三大机构，分掌行政、军事和监察。洪武十五年（1382年）改御史台为都察院。明代对地方的监察主要是都察院每年派出的巡按监察御史和各省提刑按察使司的出巡和监察。

（1）巡按御史。

巡按御史在明代地方监察体制中居于核心的地位。中央都察院设监察御史，每年差遣至各地巡回监察，故又称其为巡按御史。巡按御史出巡，代表中央履行对地方官员的监察职权，权力很大。其职权主要有：考察官吏，复核和受理诉讼案件，

---

[1]《元史》卷八十一《选举志一》。

照刷诸司文卷，考察政教民情，举凡吏政、刑名、治安等，无所不察。事小当即处理，事大奏请皇帝裁决或候差满回京汇报时交中央有关部门处置。巡按制度在明前期为保证国家机器的正常运转发挥过很好的作用。一是起到了察举吏政，揭露奸非，肃整官吏队伍的作用。二是通达下情，兴利除弊加强行政沟通。但是，随着明朝政坛风气由清转浊，巡按御史的负面功能日渐显现，制度本身也渐趋败坏。明中叶后，此项制度不但未能察吏安民，反而多害政扰民，集中表现在巡按御史扩张权力，以监察权侵损行政权，干扰地方行政系统正常运作。

（2）提刑按察使司。

根据"权不专于一司"的原则，朱元璋于洪武九年（1376年）撤销行中书省，在各省设立三司机构，即承宣布政使司、提刑按察使司和都指挥使司。三个机构互不统属，彼此独立，分别直属中央主管部门。其中，按察使司掌司法监察，归中央都察院管辖，实际上对皇帝负责。不久，朝廷又在全国设置四十一道监察区，建立了按察分司机构。按察司内设按察使、副使、佥事等官职。他们定期巡察省内各处，对地方诸事，一应监察，司法事务皆责其所掌。后由于中央监察权的扩张，巡按御史权力不断增大，按察司的监察职能逐渐萎缩。到明中叶后，仅以司法为职责了。

（3）巡抚与总督。

明朝统治者在强化地方政权的控制上是颇费气力的，将全国划为十三道监察区，设按察司后又增设四十一道分司，形成了第一道严密的监察网，但明朝皇帝又遣监察御史巡按州县，形成了第二道监察网络。如此严密，明皇帝还嫌不够。遇到重大事件，皇帝又遣亲信、重臣前往巡察，安抚军民，被临时派去巡察的亲信、重臣称为巡抚，这样，明朝的地方监察机构又出现了第三道监察网络。明初开巡抚之制，此后历朝经常差遣。刚开始时，巡抚仅表明差遣职务的性质，并不是固定的官职官名，后逐渐成为固定官职，最后发展成为地方的最高军政行政长官。巡抚设置后，根据需要又设置总督，以统领几省事务尤其是军事事务。总督起初为临时派遣的监察大员，所到之地按钦差部院体制，后发展为定制。总督地位高于巡抚，但总督对巡抚并无直接指挥权。

清代的地方监察机构与明代一脉相承，变化不大。清代朝廷对地方亦实行分道监察。都察院下设十五道，按行省划分，全国设十五道监察区，每道设掌印御史和监察御史。清代在省与州（府）之间设置了"巡道"，"职司风宪，综核官吏"。[1] 清代地方最高军政长官总督、巡抚，因分别兼都察院右都御史和右副都御史衔，故也负有监察之责。总之，清代地方形成了十五道监察御史、总督巡抚、按察司、巡道共四级监察网络。监察机构纵横交织，监察组织重叠严密。

中国古代监察机构经历了漫长的发展变化过程，从隶属于行政机构，到与行政相分离，形成独立的专门的监察机构；从名目繁多、职权不清到台院制和六部分察制；监察官从近臣系统演变为御史系统、言谏系统；监察范围从汉代的二千石地方豪吏到整个官吏群体，监察触角深入行政、财经、司法、军事、文教、人事、仪制等各方面，其组织、功能和作用，处处适应封建专制主义政治制度的需要，折射出古代监察法制的特征，形成了我国特有的监察文化文明，也给今天留下了深刻的、值得思索和借鉴的历史经验教训。

---

[1]《清朝文献通考》卷八五。

第三节　中国古代的监察立法

监察法规是监察制度的重要组成部分,是使监察活动规范化的依据和保证。中国古代的法律是统治阶级意志的集中表现,它首先是用来镇压被统治阶级的。但是,为了国家的整体利益,也需要通过法律形式对官吏进行约束和限制,以惩治一切不法和失职行为,从而保证政务的正常实施。中国古代的统治者早就意识到了这一点,所以历朝历代都很重视监察立法。

一、汉代以前的监察立法

夏商时期已产生了许多属于行政监察范畴的规定。夏朝《政典》中有"先时者杀无赦,不逮时者杀无赦"[1]的记载,要求官吏执行任务时必须严格遵守命令和制度。商代制定有《官刑》。《尚书·伊训》中详细记载了官刑惩治的内容:"制官刑,儆于有位。曰敢有恒舞于宫,酣歌于室,时谓巫风;敢有殉于货色,恒于游畋,时谓淫风;敢有侮圣言,逆忠直,远耆德,比顽童,时谓乱风。惟兹三风十愆,卿士有一于身,家必丧;邦君有一于身,国必亡。"可见,殷商已有治官之"官刑"了,以警戒那些职守在位的人,即卿士、邦君中敢违犯"三风十愆"之一的要受到惩罚。夏商的这些规定无疑对于官吏起到了法制监察的作用。

西周的监察依据寓于官刑之中。《周礼·天官》明确规定大宰以八法治官府。《周礼·秋官》规定大司寇以五刑纠万民,五刑第四为官刑,其职能就是纠察官吏不法。西周的《吕刑》中规

---

[1]《荀子》卷八《君道篇》。

定了官员的"五过之疵",即:惟官——依官仗势;惟反——挟私报怨;惟内——暗中牵制;惟货——敲诈勒索;惟来——贪赃枉法。凡犯有"五过"者均构成犯罪行为。《礼记·月令》还规定,凡官吏侵夺民间财产者,罪罚不赦,税官敲诈勒索要追究刑事责任。

春秋战国时期,各诸侯国从维护地主阶级专政出发,运用法家的"事断于法""刑无等级"等立法原则,相继颁布了一些成文法规,其中有许多是涉及惩治不法官吏的内容。如齐威王任邹忌为相制定《七法》"谨修法律而督奸吏";[1]魏国李悝所制《法经》明确规定对官吏假借不廉以及丞相贪污受金的制裁,"丞相受金,左右伏诛。犀首以下受金则诛。金自镒以下罚,不诛也"。[2]

秦代尚无专门的监察法规,但《睡虎地秦墓竹简》中有很多律文当同监察法规。《语书》是秦朝最有代表性的察吏律令之一。《语书》记载:"今且令人案行之,举劾不从令者,致以律,论及令、丞。有(又)且课县官,独多犯令,而令、丞弗得者,以令、丞闻。"律文规定得十分明白,郡守派人到各郡巡监,要举劾违反法令之官吏,并依法论处,同时要考课县官,凡县内犯令多者,而县令、丞又没有查处的,以失职之罪,将令、丞上报中央处理。《为吏之道》要求必须严格遵守法律,做到"精洁正直,慎谨坚固,审悉毋(无)私,微密纤察,安静毋苛,审当赏罚"。《睡虎地秦墓竹简·法律答问》规定:"啬夫不以官为事,以奸为事,论可(何)(也)?当遷(迁)。遷(迁)者妻当包不当包?不当包。"[3]《睡虎地秦墓竹简·法律杂抄》

---

[1] 《史记》卷四十六《田敬仲完世家》。
[2] (明)董说撰:《七国考》卷十二《魏刑法》,中华书局1956年版,第367页。
[3] 睡虎地秦墓竹简整理小组编:《睡虎地秦墓竹简》,文物出版社1990年版,第107页。

记载："为（伪）听命书，法（废）弗行，耐为侯（候）；不辟（避）席立，赀二甲，法（废）。""池除弟子籍不得，置任不审，皆耐为侯（候）。使其弟子赢律，及治（笞）之，赀一甲，决革，二甲。"[1]《睡虎地秦墓竹简·尉杂》规定："岁雠辟律于御史"；《睡虎地秦墓竹简·效律》提到，"计用律不审而赢、不备，以效赢、不备之律赀之，而勿令赏（偿）"。[2]综上可见，秦律中的许多内容已具有监察法的性质，说明秦以法治国、以法治吏的政策倾向，在成文法涌动的历史潮流中，监察依据也取得了一定的发展。

二、汉代的监察立法

秦代以前属于我国封建监察制度的草创阶段，没有专门独立的单项监察法规。汉代颁布了地方监察法规《监御史九条》和《刺史六条》，封建监察体制、监察内容向制度化、法制化演进。

（一）《监御史九条》

《监御史九条》又称《御史九法》，制定于汉惠帝三年（公元前192年）。关于九条内容，《西汉年纪》卷三引《汉仪》"惠帝三年相国奏御史监三辅郡，察以九条：察有词讼者，盗贼者，伪铸钱者，恣为奸诈者、论狱不直者，擅兴徭赋不平者，吏不廉者，吏以苛刻故劾无罪者，敢为逾侈及弩力十石以上者，作非所当服者，凡九条"。九条内容可概括为五个方面：一是狱

---

[1] 睡虎地秦墓竹简整理小组编：《睡虎地秦墓竹简》，文物出版社1990年版，第80页。

[2] 睡虎地秦墓竹简整理小组编：《睡虎地秦墓竹简》，文物出版社1990年版，第75页。

讼，含诉讼和冤狱；二是财政违法，如铸伪钱、徭役不均；三是治安混乱，如盗贼蜂起；四是吏治败坏，如为官不廉，为政苛刻；五是违制越级。这五个方面的出发点旨在稳定社会秩序，巩固新建立的封建政权。它是我国古代第一个专门性的地方监察法规。

（二）《刺史六条》

《刺史六条》也称《刺史六条问事》，由汉武帝亲自制定。《汉官典职仪式选用》记载六条的内容是：一条，强宗豪右田宅逾制，以强凌弱，以众暴寡。二条，二千石不奉诏书遵承典制，倍公向私，旁诏守利，侵渔百姓，聚敛为奸。三条，二千石不恤疑狱，风厉杀人，怒则任刑，喜则淫赏，烦扰苛暴，剥戮黎元，为百姓所疾，山崩石裂，妖祥讹言。四条，二千石选署不平，苟阿所爱，蔽贤宠顽。五条，二千石子弟恃怙荣势，请托所监。六条，二千石违公下比，阿附豪强，通行货赂，割损政令也。

以上六条，不仅严格规定了刺史的重点监察对象是强宗豪右、郡守二千石以上的官吏及其子弟，而且还规定了对于以上三类对象的监察重点。六条的监察具有强烈的针对性，这就为刺史执行地方监察提供了依据和准则，同时也为刺史监察地方官吏规定了明确的权限。《刺史六条》相对《监御史九条》有很大的发展，是汉代监察制度形成的重要标志。

三、三国两晋南北朝的监察立法

三国两晋南北朝的监察立法，基本上继承了汉代的《刺史六条》，但也有创新。

（一）三国时期的监察立法

三国时期，曹魏的监察法规为《察吏六条》，由豫州刺史贾遂创立。《察吏六条》的具体内容为：察民疾苦冤失职者；察墨绶长吏以上居官政状；察盗贼为民之害及大奸猾者；察犯田律四时禁者；察民有孝悌廉洁行修正茂才异等者；察吏不簿入钱谷放散者。所察不得过此。《察吏六条》的对象主要为长吏二千石以下，包括五官一民。五官者，即由于官员的失职而致使民困或受冤；因举官不廉，造成盗贼为民之害；由于长吏的管辖不当，致使地方官鱼肉百姓；地方官违背田律及耕耘农桑、捕获渔猎的时令、禁令，造成对农业的破坏；官吏财政纪律不严，致使公库钱谷丢失损耗。这些官吏的违法失职行为，其责任均与长吏有关。一民，便是在监察中同时推举品行廉洁、才华突出者作为察举不法的补充。这种察纠违法与荐举人才合出一炉的规定，是曹魏时期文官监察制度的一个独创。

（二）两晋的监察立法

从有关资料看，晋已制定有关于御史中丞和司隶校尉监察范围的法规，即有关于中央监察官的监察法规。《晋书·傅咸传》载，傅咸奏疏："按《令》，御史中丞督司百僚。皇太子以下，其在行马内，有违法宪者弹纠之。虽在行马外，而监司不纠，亦得奏之。如《令》之文，行马之内有违法宪，谓禁防之事耳。宫内禁防，外司不得而行，故专施中丞。"所谓《令》，当为《晋令》。据《晋令》关于御史中丞职权的具体规定，认定监察行马内之权属于中丞，而司隶校尉应限于行马之外。故司隶校尉弹纠行马内之尚书，被认为"违典制，越局侵官干其非分"，遭到弹劾。晋的地方监察法规比较具体，内容丰富，有代表性的是《能否十条》《察长吏八条》《五条律察郡》和《察二千石长吏四条》。

1. 《能否十条》和《察长吏八条》

《能否十条》和《察长吏八条》是关于敕令郡国守相进行监督和考课属县的有关条例，颁布于泰始四年（268年）六月。《晋书·武帝纪》载，县官《能否十条》的内容是："田畴辟，生业修，礼教设，禁令行，则长吏之能也；人穷匮，农事荒，奸盗起，刑狱烦，下陵上替，礼义不兴，斯长吏之否也。"《察长吏八条》的内容是："若长吏在官公廉，虑不及私，正色直节，不饰名誉者，及身行贪秽，谄黩求容，公节不立，而私门日富者，并谨察之。"

2. 《五条律察郡》

《五条律察郡》是关于督察郡守的监察条例，颁布于泰始四年（268年）十二月。《晋书·武帝纪》载，五条律诏的内容是："一曰正身，二曰勤百姓，三曰抚孤寡，四曰敦本息末，五曰去人事。"五条察郡的重点有三：一是为官要身正，对皇帝要忠，对兄弟要友，对社会要礼。二是勤奋从政、抚民安民。三是为官要清正廉洁，忠于国家。

3. 《察二千石长吏四条》

晋武帝颁行了《察二千石长吏四条》。《晋书·武帝纪》载，四条内容是："二千石长吏不能勤恤人隐，而轻挟私故，兴长刑狱，又多贪浊，烦挠百姓。其敕刺史二千石纠其秽浊，举其公清，有司议其黜陟。"这是刺史纠劾二千石长吏的法律依据，即规定了刺史对于二千石长吏的挟私报复、乱兴刑狱、贪赃无厌、骚扰百姓之违法行为皆有权举劾。

（三）南北朝的监察立法

南朝对监察法的建设没有太大建树，相反北朝却比较重视使用法律的统治手段，重视以法治吏，在监察法规上有所贡献。

北朝最有代表性的监察法规有两个：一是西魏的《六条诏书》；二是北周的《诏制九条》。

1. 《六条诏书》

西魏大统七年（541年）九月，度支尚书苏绰奉命制定《六条诏书》。六条诏书的内容是：一先治心，二敦教化，三尽地利，四擢贤良，五恤狱讼，六均赋役。

2. 《诏制九条》

《诏制九条》也称《九条监诸州》，颁行于北周武帝宣政元年（578年）。据《隋书·刑法志》载："宣政元年八月，诏制九条，宣下州郡。"内容为："一曰，决狱科罪，皆准律文；二曰，母族绝服外者，听婚；三曰，以杖决罚，悉令依法；四曰，郡县当境贼盗不擒获者，并仰录奏；五曰，孝子顺孙义夫节妇，表其门闾，才堪任用者，即宜申荐；六曰，或昔经驱使，名位未达，或沉沦蓬荜，文武可施，宜并采访，具以名奏；七曰，伪齐七品以上，已敕收用，八品以下，爰及流外，若欲入仕，皆听预选，降二等授官；八曰，州举高才博学者为秀才，郡举经明行修者为孝廉，上州、上郡岁一人，下州、下郡三岁一人；九曰，年七十以上，依式授官，鳏寡困乏不能自存者，并加禀恤。"从内容看，实际上重点是三条：一是为官者是否能决狱科罪、行令依法；二是镇压提拿盗贼是否坚决；三是访贤荐才是否尽力。内容体现了察访并施的特点。

四、隋唐时期的监察立法

隋代在汉代"六条问事"的基础上制定了《巡察六条》。该六条是：一察品官以上理政能力。二察官人贪残害政。三察豪强奸猾侵害下人，及田宅逾制、官司不能禁止者。四察水旱虫灾不以实言、枉征赋役及无灾妄蠲免者。五察部内贼盗不能穷逐、隐而不申者。六察德行孝悌、茂才异行隐不贡者。和汉代相比，隋代的监察范围扩大，监察重点有所变化，把地方官的行政办事能力和廉洁爱民放在首位，并将所有有品秩的地方官员置于监察之列，大大扩大了监察范围。

唐太宗在贞观元年（627年）八月的《禁官人违律诏》中指出："自今以后，官人行事与律乖违者，仰所司纠劾，具以名闻。"[1]监察御史初按汉代"六条问事"纠弹。武则天时尚书侍郎韦方质奉旨修定监察州县的四十八法，即《风俗廉察四十八条》"以四十八条察州县"[2]。实行十年后，以其烦琐难于执行而中止。开元年间制定《六察法》："其一，察官人善恶；其二，察户口流散，籍帐隐没，赋役不均；其三，察农桑不勤，仓库减耗；其四，察妖猾盗贼，不事生业，为私蠹害；其五，察德行孝悌，茂才异等，藏器晦迹，应时行者；其六，察黠吏豪宗兼并纵暴，贫弱冤苦不能自申者。"[3]唐六条把惩治贪官污吏、察举为官优劣作为总则；把官吏的品德、政绩、文才修养列为监察文官的基本要素；把户口、赋役、农桑、库存作为监察的重要经济目标，无疑比汉、隋六条更具体、更明确，这些法规对于强化吏治的作用是很明显的。

五、宋代的监察立法

宋代的监察法规内容开始增多，涉及面也较广泛，趋向系统化。据《庆元条法事类》与《宋大诏令》所载，监察法规就有二十多种，其中比较著名的也不下十余种：《诫约监司体量公事怀奸御笔手诏》《训饬百司诏》《诫饬台官言事御笔手诏》《职

---

[1] 《唐大诏令集》卷八十二《政事·刑法·禁官人违律诏》。
[2] 《新唐书》卷四十八《百官三》。
[3] 《新唐书》卷四十八《百官三》。

制令》《职制敕》《御史台弹劾三省举察丑正朋邪附下罔上诏》《令转运司廉访官吏能否诏》《责路宪郡士尧张化后令转运司察访部内官吏诏》《诫饬转运使副遍诣管内检察金谷刑讼察访公私利害诏》《诸路官吏有逾越害民本路转运提刑不曾觉察并行朝典诏》《三司提转案察官吏诏》《令提转知通案察赃吏诏》《监司悉力奉行法令御笔手诏》《监司互监法》。其中《监司互监法》是宋代监察法规中的一大特色，其主要内容有：诸官司无按察官而有违法及不公事者，要互相举报，其经略、按抚、发运、监司属官也可互相察举。同时诸监司巡历所至，凡规定应受酒食之类，却受折送钱者，也得相互察举。实行监司互察法，可以弥补地方监察官不受监察的漏洞，也可以解决对地方监察官的再监察问题，是我国古代监察法规建设的一大创建。

六、元代的监察立法

元代制定了一系列监察法规。至元五年（1268年）在侍御史高鸣主持下，"定台纲三十六条"，即《宪台格例》。至元六年（1269年）制定《察司体察等例》，以明各道宪司职责。至元十四年（1277年）制定《行台体察等例》，以明行御史台职责。至元二十一年（1284年）制定《禁治察司等例》、至元二十五年（1288年）制定《察司合察事理》、至元二十九年（1292年）制定《廉访司合行条例》。元代还颁行了《宪台通纪》《南台备要》《宪台格例》《行台条画》等单行监察法。《元典章》和《至元新格》中也含有监察法的内容。尤其是《元典章》中所载监察法规，已有适用于中央与地方的明确区分。此外，还把封建刑法典的类推原则运用于监察立法，《行台条画》最后一条规定，"其余该载不尽应合纠弹，整理比附已降条画，斟酌彼中事宜，就便施行借以防止失监、漏监"。

七、明代的监察立法

明代开展了大规模的监察立法活动。《诸司职掌》与《大明会典》中设有专章规定都察院及六科的职责、权限、活动原则等。单行监察法规有：洪武四年（1371年），"御史台进拟《宪纲》四十条，上览之亲加删定，诏刊行颁给"，这是明朝最早也是最重要的监察法规。洪武二十六年（1393年）前后，制定《宪纲总例》《纠劾官邪规定》《统政使司典章》（总例）及事例、《六科给事中》总例及各科事例、《出巡事宜》《巡抚六察》及《责任条例》等。惠文帝、成祖、仁宗、宣宗历朝均有所增补。英宗正统四年（1439年）制定《宪纲条例》，此后，历朝均奉为圭臬。嘉靖六年（1527年）九月，"张璁以署都察院，复请考察诸御史，黜蓝田等十二人。寻奏行《宪纲七条》"。[1]同年十月，胡世宁为左都御史，奏上《宪纲》十余条，这些都是对《宪纲条例》的补充。此外，还制定了《监官遵守六款》《监纪九款》《满日造报册式》等约束监察官的法规。

八、清代的监察立法

清袭明制，监察立法进一步充实，达到法典化的程度。在《大清会典》中编有44卷监察法规，分列都察院宪纲和左都御史、左副都御史、六科给事中、十五道监察御史、两厅、五城御史的组织机构、职权范围。还有《钦定台规》《都察院则例》《考满四条》《满官京察则例》《劝赏则例》《六部现行则例》《六部处分则例》《五城巡城御史处分例》等。其中较为完整的两部监察法典是《钦定台规》和《都察院则例》。

---

[1]《明会要》卷三十三《职官五·都察院》。

(一)《钦定台规》

《钦定台规》是我国封建社会中最完整的一部监察法典,也是我国监察制度史上第一部以皇帝的名义编纂和颁行的监察法规。《钦定台规》自清高宗乾隆八年(1743年)钦定。嘉庆七年(1802年)由恭阿拉奉命领衔重修,嘉庆九年钦准刊布,共分20卷。道光七年(1827年),由任都察院左都御史、礼部尚书和兵部尚书的松筠再续修,增汇1804—1827年都察院所奉圣谕及其陈奏规则,扩展为40卷。光绪十六年(1890年),由延煦等人再次增辑,增汇1827—1890年都察院所奉圣谕及其则例,共43卷,于光绪十八年(1892年)由都察院正式颁行。由于这部台规是以皇帝的名义颁布的,故谓之《钦定台规》。《钦定台规》主要内容分为"训典""宪纲""六科""各道""五城""稽察""巡察""通例"八大类,每类又分若干目。各类细目的内容按文件产生的时间顺序排列。

(二)《都察院则例》

继《钦定台规》颁布后,都察院又制定了若干则例,汇编为《都察院则例》。这是都察院实施监察的细则规定,是清代监察法规的重要组成部分。《都察院则例》内容大致分为五类:(1)封驳陈奏敕令及其规定;(2)考课的规定,如京察大计的监察规定;(3)各道巡监规定,如漕粮、漕运、盐课等规定;(4)考试规定,如岁科、乡试、会试考卷磨勘等;(5)各科考核、奏效等具体执行规定,以及稽考方面的程序规定等。清代的监察法规已颇为完备,尤其《都察院则例》集中了历代文官监察制度的精华,展现了清朝监察领域的全貌,是研究清代监察制度的重要文献资料。

中国古代的监察立法从无到有,从附着于整体法典到独立成篇，从零星条文到完整严密的专门法典，调整范围从中央到地方，几乎涉及国家活动的方方面面，极为宽广，最终形成了内容完善，结构严密，内部协调、统一的法律体系，成为中国古代法律体系中独具特色的组成部分和中华法系的重要表征。美籍专家吴克教授曾由衷地赞许道："这是一个独一无二的中国机构，是政治传统上很重要的部分。有如中国认为值得保存的其他许多事物，它历代相传，绵延不绝。它被认为重要和不容忽视，对西方政治可能有所贡献。"[1]研究这一被世界公认最为宝贵的遗产，无疑对完善今天的人民监察制度有着深刻的现实借鉴意义。

---

[1] 郝媛媛："中国古代监察制度及其现代借鉴"，载《黑龙江工业学院学报（综合版）》2017年第11期。

第七章 吏治文明

在发挥官吏才干与防治官吏贪邪问题上，古代传统社会积累了丰富的经验。早在国家诞生之初便产生了保障国家运转的官僚机器。而与之相关的典章制度则蕴含了丰富的吏治理论与治吏之法。治吏思想在历史上经历了依礼治吏、依法治吏、礼法结合三个阶段后趋于定型，礼法结合、法德兼修的治吏思想为后世王朝广为接受。在治吏思想的影响下，传统的治吏之法严密周详，内容丰富，为治吏建立了系统性的制度保障。从而使得选官、考课、监察、惩贪等吏治基本环节有章可循。

历史经验告诉我们，"治国之要，在于安民"，"为政治之要，在于得人，用非其才必难致治"。圣君明主通过治吏来达到治民的治理效果，治吏贵在以法为尊。"法之不行，自上犯之。"通常败纲坏法的是社会上层的达官显贵，要治民更要治官。传统的吏治跟随封建王朝的气运有着兴、衰、治、乱的历史循环规律，这个历史痼疾伴随治吏效果的始终，其根本原因在于治吏思想和治吏之法的设计性缺陷。要想走出历史周期率必先革新封建社会的阶级统治机制。只有在消灭帝制的共和政体里强调国家权力属于人民，倡导近代意义上的民主监督与法治规范、健全官吏控制模式、优化治吏的社会效果、建立长效激励的机制方可使吏治长清、国家机器高效有序运转。

选贤任能，择录为官是治国理政的关键。为了维护自身的政治与经济利益，历代统治者都比较重视吏治，以期江山万世一系，国祚绵长。如何保证担任公职的官吏控制自己的权力欲，不为权力所腐蚀、清正为官，如何保障官吏发挥治国理政的才能，严格执行国家的政策方针、法律制度，廉明为政，历来都是当政者关心的问题,也是历代思想家论著的焦点问题。

第一节 中国古代吏治丰富的理论思想

对于国家而言,官吏是执掌兵刑钱谷具有人格的重要工具。担任公职的官吏发挥治国理政驭民的作用是国家正常运转的基本保障。在加强官吏管理建设清明吏治方面,中国古代形成了一系列吏治理论。

吏治理论经历了依礼治吏、依法治吏、礼法结合三个阶段后趋于定型。早在周公摄政时期,就制礼作乐建立了明尊卑、序贵贱、上下不惑的社会等级秩序。国家出现了"故王臣工,公臣大夫,大夫臣士"的层级结构。奉行依礼治吏的儒家,首明"君君臣臣",君守君道,臣守臣道。次定君臣之礼,各遵其礼,各守其职。进而提出以君臣贵贱上下不惑的礼来管理官吏。孔子将"克己复礼"提升到"仁"的高度,并将之视为恢复周治、整肃吏治的基点,要求官吏"克己复礼为仁,一日克己复礼,天下归仁焉。为仁由己,而由人乎哉"。[1]孟子在孔子的基础上提出依礼治吏的思想,将"仁"的思想发展为仁政,反复劝说君王官吏推崇王道,践行仁政。孔子强调"为政以德"。作为施政之官,当然要依德来主导他的思想行为。也即强调提升官吏的修养道德,加强官吏自省自觉。通过正人心、厚风俗来行教化之风,激发人的良知良能,营造良好的官场风气。儒家学说在治吏问题上注重人的主观能动性与舆论环境对于人的影响,有利于官吏提升素养,发挥自身的积极能动性,克勤克俭,清正为官。然将吏治的清明依借于官吏的道德修养与自觉自省

---

〔1〕《论语·颜渊》。

第七章 吏治文明

过于理想化，这等同于将权力交给权力者的自我约束，忽略了人的欲望。君王相卿对于孟子推崇王道、践行仁政的奔走劝说采取敬而远之的态度。

战国时期兴起的法家鉴于儒家依礼治吏不能行之于当世，在总结治吏经验的基础上明确提出依法治吏的主张，并且以"明主治吏不治民"说服国君依法治吏。商鞅指出"守法守职之吏有不行王法者，罪死不赦，刑及三族"，[1]主张用法律来管理官吏，充分发挥官吏作用。依法考选，依法赏罚，不赦不宥治官驭吏。"圣人以功授官予爵，故贤者不忧，圣人不宥过，不赦刑，故奸无起。"[2]驭民之官与治下之民一并适用族刑连坐之法，使官吏虽受命于千里之外，也能尽忠于庙堂之上。韩非子在此基础上提出了一整套依法治吏的理论，强调"明主治吏不治民"，通过驭官而达到驭民的目的，既治官也治民。在论证这一观点时引例说明治民犹如救火，"救火者，吏操壶走火，则一人之用也，操鞭使人，则役万夫"。[3]由吏"役使万夫"，君主只要驾驭"操鞭使人"的官吏即可。[4]作为国家至高无上的君主不可能直接临民治民，而是通过庞大的官僚群体按照职务分工管理社会，治理国家，统御百姓。这个观点是战国时期以来出现的官僚制度对专制主义国家运行作用的总结。同时针对乱世列国之间冲突不断，国内各阶层之间矛盾尖锐，法家强调君主"不恃人之爱为我也"，而是通过一赏一罚驾驭官吏。"故主施赏不迁，行诛无赦。誉辅其赏，毁随其罚。则贤不肖俱尽其力矣。"[5]在

---

[1]《商君书》卷四《赏刑》。
[2]《商君书》卷四《赏刑》。
[3]《韩非子》卷十四《外储说右下》。
[4]《韩非子》卷十四《外储说右下》。
[5]《韩非子》卷十九《五蠹》。

厚赏与重罚之间恩威并施,"使人不得不爱我之道",从而保证官吏忠于君主并认真履行自己的职责。然法家在执行重刑辟以去刑的过程中过于偏一与残暴,往往是奏效一时而难医根本。在治吏上以商鞅自身结局为例,可谓之作法自毙。

由此观之,儒家的重德轻刑往往失之宽柔,法家的严刑重罚和驭臣之术又失之峻猛。汉兴以后儒法两家合流,礼法结合、德刑并用成为综合为治的新模式。当政者兼用儒法之术,霸王道杂之,以德怀柔,以刑惩顽,宽猛相济,既可收一时之效,又不失为治国长策;在如何整顿吏治的问题上,讲求礼法并用。依礼唤起内在的反省,使得官吏耻于为非;依法规范外在的行为,使得官吏不敢为非。汉以后的王朝基本沿用了外儒内法、礼法并用的治吏理论,在实施礼义教化的同时强调实行法律手段。"明主治吏不治民"成为后世统治者的共识,并随着治国理政经验的积累而不断丰富。

第二节 依法治吏的法律渊源

明主治吏首重依法治吏,依法治吏的前提是有法可依。在中国历史上,有官之日便有治官之法,古代与此有关的立法绵延不绝,既有承继古代的前法,也有因时而立的新法,反映出不同时期治吏之法的不同特点。

中国古代治吏之法主要包括明定官吏职掌、确立官吏守则、构建官吏考选机制、监督官吏行权的监察、制裁官吏违法失职行为等内容。治吏之法是先秦立法的重要组成部分。如前所述,商朝已有治官之刑——官刑,其锋芒所向在于"儆于有位"[1],

---

[1] 《尚书注疏》卷八《伊训》。

使吏不敢犯"三风十愆"(巫风二:舞、歌;淫风四:货、色、游、畋;乱风四:侮圣言、逆忠直、远耆德、比顽童,合而为十愆)[1]。《尚书·吕刑》所列"五过之疵"的目的也都在于治吏。《周礼》所列六官各有职掌,典章文物为后世提供了以典设官明责的范式。出土的秦时《睡虎地秦墓竹简》所载虽非秦律的全部,但在出土的秦律十八种中,治吏之法几占一半以上,所载《游士律》《置吏律》《除吏律》《内史杂》等法律均涉吏治。此外还有类于后世官箴书的"为吏之道"专篇。汉承秦制,中央建立了三公九卿的官吏系统,地方设州县二级及相应的职官。出土的汉时"张家山汉简"中《二年律令·捕律》载明了官吏承担连带责任的情形,此外见于文献记载的还有《上计律》《左官律》《史律》《秩律》《爵律》《品令》《养子令》《箠令》等已经洋洋大观。《晋律》二十篇中涉及治吏的法律占半数以上,其中《违制律》对晋朝极有影响。

唐律中的律、令、典是治吏之法的成熟定型形态。其中以《违制律》为代表,见于唐令的有官品令、选举令、封爵令、禄令、考课令等。《唐律疏议》十二篇中第三篇《职制律》集中地对官吏的设置、选任、失职、渎职、考课、奖惩、休致等内容作了专门细致的规定。唐玄宗时期官修《唐六典》,对有唐以来相关行政管理法律制度全面地厘定,内容包含国家机构的设置,官员的编制、品秩、职责、铨选、考核、奖惩、俸禄、致仕等制度,汇集了唐时的官规政令,其立法内容与"律典分野"直接影响到后世王朝。

明清是治吏之法的重要发展时期,统治者为加强中央集权,制定并出台了一系列的治吏之法。明洪武三十年(1397年)颁

---

[1]《尚书注疏》卷八《伊训》。

布《大明律》突出重典治吏、重刑治贪,除去远承唐律的"职官"篇目外,将官吏受财、坐赃致罪等专列"受赃"一卷,量刑较历代为重,有前科者永不叙用。首创"奸党"罪,严禁官吏结党营私。由案例汇编而成的《明大诰》践行"明主治吏不治民"的思想,治吏之条占据百分之八十强。明朝时期仿《唐六典》制定《大明会典》,治吏的内容有所扩充。清朝的《大清律》在明律的基础上对"奸党"作了扩充,以防止八旗诸王结党、内外官结交以及宦官干政。清作为最后一个封建王朝,除《大清会典》《大清律例》中的《职制律》外,则例对官吏的行为作出了具体的规定,成为清朝治吏之法的重要组成部分。单行的各部则例、各省省例分别规定了各部院、各地任职官吏的职责,而吏部处分则例与六部处分则例又规定违法失职官吏应受的惩戒。

由上可见,中国传统社会注重吏治,强调治吏有法,其治吏之法的发展与整个社会的发展相始终。为了治国平天下,历朝历代均重治官以驭民,无一例外地制定了诸多治吏之法,内容全面细致,历朝相沿不迨,做到了对官吏管理的有法可依,从而以法约束了官管治下之民的行为。

第三节 依法治吏的基本环节

为政之要,重在治吏。历代治吏,首推综合为治,其中尤重有法。如前所述,历代治吏之法可谓详矣。然法贵在施行,"法不必行,不如无法"。依法治吏贯穿于选吏、课吏、察吏的基本环节,选吏有铨选之法,课吏有上计之法,察吏有监察之法,惩吏有惩贪之法,情节过于严重者则入刑律。

第七章 吏治文明

一、明职课责

明职是指明确划分官吏的职掌。这在官僚制度形成之初便已经这样做了。秦汉时期，三公九卿之制已经形成，其职掌各有明确的分工。至唐代，《唐六典》将三省六部二十四司官僚机构的职掌分别规定于六典当中。明清时期的会典主要是仿《唐六典》划分各级官吏的职掌与品级。只有明确职掌才能考订其治绩，因此明职之后便是课责。课责就是考课职官的功绩治绩。考课的目的在于督励职官尽职尽责，因此考课之后继之以奖惩。根据考核结果，区别等级，予以升降赏罚，最早见于《尚书》，"三载考绩，三考黜陟幽明"。[1]

战国时期实行的上计制度是最早的官吏考课法。考课官吏的职责不同时期有不同的标准：唐代明定"四善二十七最"法，宋朝沿袭唐代"四善"来考课官吏，元末以"守令黜陟之法"为标准，明朝有"八法"考吏，清朝有"六法"考吏。奖惩是考课的必然结果，凡重考课则重奖惩。《嘉祐集·上皇帝书》载："夫有官必有课，有课必有赏罚。有官无课，是无官也；有课而无赏罚，是无课也。"故而考课官吏依据成绩给予奖惩是治吏的重要手段。

明职课责依法明确了官吏的应作为和不应作为，对于违法失职起到了积极的预防作用。商之《官刑》所载"三风十愆"便是告诫官吏所不应为的，"惟兹三风十愆，卿士有一于身，家必丧；邦君有一于身，国必亡。臣下不匡，其刑墨"。[2]历代制定的"职官法"中许多规定带有预防性质。譬如，监临部

---

[1]《尚书注疏》卷三《舜典》。
[2]《尚书注疏》卷八《伊训》。

主之官不许于部内娶妻妾、置办田产,居官逢父母丧秘不举哀,离家五百里为官等也都旨在预防官吏违法失职。总之明职课责、依法治官更重要的是预期为非,举其何者应为,何者不应为。

二、选吏察吏

在预防官吏腐败的问题上有两个重要环节,一是选官,二是察官。"致安之本,惟在得人。""用得正人,为善者皆劝,误用恶人,不善竞进。赏当其劳,无功者自退;罚当其罪,为恶者戒惧。故赏罚不可轻行,用人弥须慎选。"〔1〕在选拔官吏时,应严守选官之法,坚持选官标准。历史上将选拔官吏作为国家的一项制度自汉朝始。汉初倡忠孝、廉德,实行举孝廉制度。隋唐发展为德才并重的科举选官、唯才是举的制度。选官择官经历了由考察德礼到制度取试,由重孝廉到重贤才的变化,体现了德礼与法的融合。铨选的标准向着人才的专业化方向发展。汉代实行举荐选官法,在察举之外设有征辟使得选官制度化。隋唐实行科举选官法,这是对魏晋以来九品中正法的特权选官制度之否定。科举广开科目,无等级门第之分,考试合格者便迈入了官僚机构的大门。科举选官具有民主性,"朝为田舍郎,暮登天子堂"所在多有。统治者通过任用良吏,使得德才兼备之士参与政权管理,提高了行政效能。

随着官僚机构的扩大,察官也是国家统治的重要内容。对官吏进行定期或不定期的监督检查,防止官吏违法乱纪,及时纠举并清除那些腐败变质及贪赃枉法的官吏,以保持官吏群体的纯洁性。察官在于考察官吏是否称职,是否公忠体国,是否

---

〔1〕《贞观政要》卷三《择官》。

勤政爱民，是否廉洁奉公。对察官之官的监察，唐以来所设规范极为详密。譬如察官到所察之地，不许接待门客，不许会见私友，不许仆人外出等。为察官而建立起的监察制度，是监督官吏行权的本土性立法经验。总之，依法规制官吏的选任、监察是统治者加强统治的工具，有效地保障了国家秩序的正常运转，使得中国古代的官僚制度形成了完整的体系。

三、惩贪奖廉

治吏首要察之以廉，绳之以法。据《夏书》载，"昏、墨、贼、杀，皋陶之刑也"[1]，说明皋陶时期即有惩贪之法。自秦至唐历代各有惩贪之法。依汉律，主管官吏所盗财物计赃值十金者，即处以死刑。汉文帝时还下令，坐赃者不得为吏。汉代允许从被免职的官吏中重新选拔官吏，但因犯赃而被免职者终身不得为官。唐律将官吏犯罪划分为"公罪""私罪"，实行不同的处罚原则。公罪从轻，私罪从重，力求将行政过失与贪赃枉法区分开来，在保护官吏工作积极性的同时防止官吏徇私舞弊。唐统治者深恶官吏贪墨，将涉及钱财的犯罪统称为"赃罪"，制有"六赃"之法，分别情节，按吏惩罚。"六赃"之中"枉法、不枉法、受所监临、坐赃"四种是专指官吏的身份犯罪。明时根据贪污的数量分别惩治，有可算之法。惩贪是吏治的重要方面，也是刑法的重要内容。但历代统治者治吏并不是一味惩贪，相反更积极的是奖励廉洁，常以最高统治者的身份赞美褒奖清官廉吏。如三国时诸葛亮、明朝海瑞、清朝于成龙等都受到正史的旌表。惩贪是治理官吏的消极手段，奖励廉洁是治理官吏的积极手段。立法惩贪、舆论奖廉，开明之制下的

---

[1]《春秋左传注疏》卷四十七昭公十四年引《夏书》。

吏治清廉是与这两者的结合分不开的。

总之，依法治吏，就是把官吏的选拔、任用、职责、考核、升降、奖惩等一系列环节纳入法制化的轨道，使之规范化、制度化，而且要使这种法律与制度具有权威性。依法治吏的目的在于预防、惩戒官吏腐败，使得官吏奉公守法，廉洁自持。在手段上，依法纠弹官邪分别处罚，将官吏的职掌权责纳入法定范围内。凡在法定范围内的活动是合法行权；凡超出法定权力的额外殊求，即所谓习惯权力，便是违法失职。在选官上，要求官吏德才兼备；在考课上，要求官吏重德识礼、遵制守法；国之安危系于官吏清廉，强调为官以廉；在整饬吏治时，强调礼法结合，重教化、重刑责。

综上可见，中国古代治吏之法严密周详，使得依法治吏的基本环节有章可循。历史经验启示我们需要依借于法，做到依法治吏。

第四节　依法治吏传统的现代启示

在肯定古代治吏经验的同时也应看到，在古代社会里，统治者自觉与不自觉地都曾采用过依法治吏的方法，效果各有不同，却都没有从根本上彻底解决吏治的根本问题，往往跳不出历史周期率归结的兴亡怪圈。每一王朝建立之初都励精图治，把官场清扬、反腐倡廉作为主要任务，但很快就进入瓶颈期，前紧后松，不仅将建立之初的建树化为乌有，而且导致整个统治阶级开始腐败，并随着经济的发展愈演愈烈，以致无法收拾。究其原因有二，一则在君主专制体制下的国家机器难以始终如一地坚持刑无等级，一断于法。集权下难有真正的制衡，专制下难有自下而上的民主监督力量。在下级服从上级、地方服从中央的金字塔结构里，官吏惟上是从，恩惠自上而下，等级分明。此等制度框架下往往容易滋生腐败，且形成保护伞、利益链，成群结伙地败坏吏治。二则传统的中国社会并不是完全的私有制，而是封建国家所有制，统治者在握有政治大权的同时也握有经济大权。专制帝王大权独揽，不仅对臣民握有官、爵、利、禄与生杀予夺的绝对权力，而且直接干预国家的经济生活。这样便出现政治权力与经济权力联姻，政治权力支配经济权力，势必为"权钱交易"提供充分的条件，官场也是市场，官吏不贪墨，难以见容于市。

一、"明主治吏不治民"

如前所述，古代倡导"明主治吏不治民"，有许多针对官吏的制度措施，这些得力的措施与有效的治理使得历史上的贤相循吏层出不穷，也为中华历史文明的绵延不绝提供了有力的人才保障。同时我们也应该看到，传统社会的官吏作为皇权的附庸，在金字塔式的社会结构里处于上层、顶端。因为相比于底层人民群众，他们有着许多专门面向官吏的特权，这些官吏及其家族在吃、穿、住、用、行上有着十分广泛的经济权利与政治权利。在政治经济上占有较多社会资源的同时也享有法律上的特权，譬如议、请、减、当、赎等针对官吏犯罪的特权。我们在吸取其宝贵财富经验的同时也要警惕"官本位"思想的流毒，注意剔除官吏法律特权带来的不良影响。历史长河里的水总是会流进今天的潮流。这些现象在古今对比中的启示值得我们虚心学习借鉴。"明主治吏不治民"的思想在当前法治中国建设与国家治理体系和治理能力现代化中仍有一定的借鉴意义。不仅如此，马克思主义认为人民群众是历史车轮的推动者。我们的宪法规定中华人民共和国的一切权力属于人民。唯有不忘为民初心，牢记使命担当，坚持在党的领导下，给民众以治吏权，由人民群众监督党员领导干部践行全心全意为人民服务的宗旨，才能涤荡思想残留，治好、管好广大领导干部。

二、健全官吏控制模式

近代法治汲取人类文明先进成果，在思想和建制上有了许多突破创新，这些先进的理念和行之有效的做法有利于健全官吏控制模式，有利于吏治的良好运行。

法家的治官思想和治国思想，也被冠之以"法治"之名，但这种君主专制下的法治与近代意义上的法治不能等同。古时君主专制下的法治是君主治国、治官、治民的工具，而法律也只是手段而已，此外杂有术、势等手段，对吏治起到的是一时之效。要保障吏治清明则需要近代意义上的法治，该法治以政治上的民主制度为前提，以公民概念作为政治学的逻辑起点，主张以法律保障国民权利、限制国家权力。凡法无明文规定者，国民均可为之。而官吏的权力由法律确认，官吏的权力依法律行使。法律面前人人平等，只要有一人在法律之上就不是法治。这样就取消了官吏在法律上的特权，运用制度监督模式，启用民主的力量，将权力关进制度的笼子里，杜绝绝对的权力滋生绝对的腐败，从而为建立长效的官吏控制模式提供了可能。

建立长效的官吏控制模式，要强调一治一防，治防结合，更重要的是将思想工作做在前边，将制度宣传到位，将对领导干部的预防做到位。在治理官吏越权擅法上，要坚持法律面前人人平等，运用民主监督的力量，严格依法用权、严格依法治吏，使得吏治有制度作保障。

三、建立长效激励机制

在发挥官吏治国理政才能与促使其严守法律政令上，需要建立长效的激励机制，使得吏治有系统性保障，既要重教化，也要重刑责。

治吏不只是消极意义上的防范与惩治上的依法治官，还要有正面的激励和保障。一方面，要树立"得贤者昌，失贤者亡"的选官意识，注重人才，并为人才创造一个健康的竞争机制，"循名责实，案法立威，是明王也"。[1]另一方面，要促进公职人员勤政敬业的进取精神与安全感，"贤者在位，能者在职"。[2]官吏的权力与权力的自由度要小，但职业的安全度要大。在安全度里强调官吏的政治保障、职业保障、经济保障。在制度范围内保护、发扬德行教化的作用。运用制度为官吏建立一个政治安全保障，使其不因政治的波动而遭遇人事地震。运用制度为官吏营造职业安全保障，建立官吏常任制，进退有法，依程序、依制度罢免升迁，保障职官队伍的稳定性。将官吏的待遇纳入制度的保障内，依法规范官吏待遇，杜绝法外支俸、徇私枉法，发挥俸以养廉、选贤任能的作用。注重综合为用，发挥道德舆论的影响作用，厚人心、正风气、重教化，营造良好氛围，促使官吏廉洁自律，激发官吏治国理政才能。加强依法监督与惩处，依靠制度使吏不能犯，从而建立起一个促使吏治清明的长效激励体制，保障国家机器正常运转。

综上所述，儒法两家的治吏思想是在维护君主专制的总目标下设计运行的，其积极因素为后世提供了许多有益的启发。

---

[1]《邓析子·无厚篇》。
[2]《孟子注疏》卷三下《公孙丑》。

然其局限性也值得我们思考并引以为戒。

以历史上的秦汉两朝为例，秦时任用法家督责之术，虽在一定范围内控制了中下层的官吏，却也"网漏吞舟之鱼"，权臣李斯伪造遗诏，后为同谋赵高所害。明时朱元璋推行重典治吏、严刑贪墨之人，治吏可谓重典矣，然却没有带来他理想中的吏治，"法出而奸生，令下而诈起"，无奈乎"朝杀而暮犯"。集三十年施政经验，他在晚年对自己重典治吏、法外加刑进行反思认为，一味地严刑只可收一时一域之效，却不能在根本上解决吏治问题的结论，以"法外加刑"、"非守成之君所用常法"来告诫后世子孙，进而主张明礼多劝官，定律以绳顽。将礼法并用，宽严相济视为长策。

由此观之可见，一则治吏贵在以法为尊，提倡"刑无等级"、"化天下之不一为有一"，老虎苍蝇一起打。二则严格依法治吏，强调立法重信，维护法律权威性。在良法之下求善治，建立长效激励机制是清明吏治的固本之策。

2014年10月13日，习近平在中共中央政治局第十八次集体学习时指出："历史是最好的老师……治理国家和社会，今天遇到的很多事情都可以在历史上找到影子，历史上发生过的很多事情也都可以作为今天的镜鉴。中国的今天是从中国的昨天和前天发展而来的。要治理好今天的中国，需要对我国历史和传统文化有深入了解，也需要对我国古代治国理政的探索和智慧进行积极总结。"

以史为鉴可知，徒法不足以自行，徒善不足以为政。良法是善治的前提，良吏是善治的必备条件。"有治人，无治法"就在强调人的作用必不可少。在中国特色社会主义理论体系下，要重视中国特色社会主义的制度建设，也要重视中国特色社会主义的治理效果。如何将我们的制度优势转化为治理效能，人的因素是关键。中国古代丰富的吏治思想和治吏之法是中华优秀传统文化的组成部分，也是新时代发挥制度优势转化治理效能的文化沃土。我们推进国家治理体系和治理能力现代化，当然要注重在中国大地上汲取历史的濡养。

第八章

宪制文明

  "宪制"一般被解释为宪法或宪法性文件所体现的国家根本性的政治法律制度。中国古代文献中早有"宪法"一词，如"赏善罚奸，国之宪法"（《国语·晋语》），"悬法示人曰宪法"（《周礼》），但其意指一般的法律法规或"悬法示人"，与民主政治无涉。作为近代民主政治的结果，"宪法"一词为舶来品。近代中国的宪法思想萌芽于鸦片战争后西方宪政文化的输入，宪政运动与制宪进程的展开则迟至20世纪初期，[1]呈现为三种性质：一为清廷主导的君主立宪活动，二为资产阶级追求的民主共和立宪活动，三为中国共产党领导的新民主主义宪政活动。

第一节　清末君主立宪活动

  1840年鸦片战争中清朝政府战败，宣告了中国传统政治体制的终结，也促使中国的思想文化界开始睁眼看世界，对中西政治制度与体制进行比较，提出了向西方学习的主张。最早介绍西方议会制度的书籍有林则徐的《四洲志》、魏源的《海国图志》及徐继畬的《瀛寰志略》等，如魏源在其书中称赞西方议会的多数决原则，"议事听讼，选官举贤，皆自下始，众可可之，众否否之；众好好之，众恶恶之，三占从二，舍独徇

---

〔1〕　"所谓宪制问题，是指一国以基本政治法律制度，应对的本国的重大、长期和根本的问题"，苏力教授从一国长期政法制度实践中逐渐形成的国家政治构成的角度来讨论宪制，将中国古代政法文明纳入研究视野，认为一国宪制即是其长期政治法律实践的结晶。这一论述，为我们理解中国传统法治文明的传承和发展提供了崭新的思路。见苏力："何为宪制问题？——西方历史与古代中国"，载《华东政法大学学报》2013年第5期。

同……"。[1]这些著述对中国人认识西方的议会政治具有启蒙作用。洋务运动中,王韬、容闳、郑观应等早期改良派人士也提出兴民权、设议院、实行"君民共主"的主张。19世纪末戊戌变法期间,康有为在"上清帝第五书"中提出"择法俄、日以定国是",但从康有为"上清帝第六书"看,其变法的核心为建立"君权治天下"的"制度局";[2]梁启超亦曾提出实施"开明专制"。康、梁等的主张,均旨在以传统君权为核心整合政治力量,实现传统政治体制的转型。逾半个世纪对多种西方政治著作的译介,以及对西方各国的宪政思想与政治制度的宣传,为宪政运动的开展作了思想和理论准备。

一、五大臣出洋考察政治

近代中国宪政活动的展开始于1905年清廷派五大臣出洋考察政治。[3]甲午战争惨败,八国联军侵占北京,慈禧太后与光

---

[1] (清)魏源撰:《海国图志》,陈华等点校注释,岳麓书社1998年版,第1611页。

[2] 茅海建:"戊戌时期康有为'大同三世说'思想的再确认——兼论康有为一派在百日维新前后的政治策略",载《社会科学战线》2019年第1期。

[3] 戊戌变法常被认为是中国近代宪政运动之始,认为其目的在于实现君主立宪制。然自20世纪七八十年代始,陆续有学者研究认为,康有为通过对西方宪制的了解,已经形成了较为系统的君主立宪思想,但当时的中国民智未开,不能骤然开国会行立宪,因此,光绪帝在百日维新期间颁布的变法举措与立宪目标毫无关系,康有为在戊戌时期最主要的政策目标是设立制度局推行新政,制度局类似于中国历史上屡次出现的内朝官制度,且直至变法被镇压,制度局都未能正式设立。现有的档案资料以及相关的研究成果都足以充分证明,戊戌变法不是一场君主立宪运动,而是一场维新改革运动。导致对戊戌变法的目的认识偏差的原因是康有为篡改史料。相关的研究成果请参见孔祥吉:"《戊戌奏稿》的改篡及其原因",载《晋阳学刊》1982年第2期;黄彰健:"康有为与戊戌变法——答汪荣祖先生",载《清史研究》1993年第4期;蔡礼强:"论中国近代宪政运动的起源——以康有为与戊戌变法为中心的再考察",载《中国社会科学院研究生院学报》2007年第2期。

第八章 宪制文明

绪帝狼狈西逃，义和团运动的爆发，资产阶级革命派的武装斗争，使晚清朝廷陷于内外交困之中，意识到非变革无以生存，痛定思痛，决意推行新政。1901年初，两江总督刘坤一与湖广总督张之洞联名上奏《江楚会奏变法三折》（包括《变通政治人才为先遵旨筹议折》《遵旨筹议变法谨拟整顿中法十二条折》《遵旨筹议变法谨拟采用西法十一条折》），明确提出了"采用西法，整顿中法，实现国家由贫弱转至富强"的具体措施。

1904年2月，日俄在中国东北为侵占中国领土而发动战争，生灵涂炭长达一年半之久，软弱无能的清政府却只能严守中立。但日本的胜利，被清廷视为立宪对专制的胜利，掀起呼吁政府改行立宪政治的热潮。江苏名士张謇给袁世凯的信中所言很能代表时人的看法："不变政体，枝枝节节之补救无益也。……日俄之胜负，立宪专制之胜负也。今全球完全专制之国谁乎？一专制当众立宪尚可幸乎？"[1]在各界推动下，清政府于1905年7月16日颁布遣使出洋考察的谕旨。

1905年9月24日，由皇族亲贵镇国公载泽、户部侍郎戴鸿慈、兵部侍郎徐世昌、湖南巡抚端方及商部右丞绍英组成的考察团正式出发。不料，在正阳门车站，考察团遭到革命党人吴樾的炸弹袭击，绍英等人受伤，行程暂时中止。两个月后，由载泽、尚其亨、李盛铎率领的一路考察团前往日本、英国、法国、比利时等国，由戴鸿慈、端方率领的一路考察团前往美国、德国、奥地利、俄国、意大利等国进行考察。考察团通过邀请国外专家演讲和实地参观相结合的方式，重点考察各国的政治制度，兼及工矿企业及社会公共事业，次年6月回国。同时，考察团在考察途中收集了数百种各国文献，回国后编成《列国

---

[1] 转引自李剑农：《中国近百年政治史》，商务印书馆2011年版，第223页。

政要》《欧美政治要义》等书。

载泽、端方等多次受到慈禧及光绪帝召见。载泽在1906年8月26日上《奏请宣布立宪密折》，指出立宪有三大利，即皇位永固、外患渐轻、内乱可弭，建议朝廷立宪。在上奏的考察折中，戴鸿慈、端方盛赞美国的议会制度及工商业的发达等情形，但也明确地指出"大抵美以工商立国，纯任民权，与中国政体本属不能强同"，[1]英国"惟其设官分职，颇为复杂拘执之处，自非中国政体所宜……"[2]对于德国则表示出明显的欣赏，指出"揆其立国之意，专注重于练兵，故国民皆有尚武之精神，即无不以服从为主义……其人民习俗，亦觉有勤俭质朴之风，与中国最为相近"。[3]考察团在日本受到隆重而耐心的接待，日本首相伊藤博文及著名法学家伊东巳代治、穗积八束、有贺长雄等亲自为考察团成员讲解日本宪法。载泽等人得出了"大抵日本立国之方，公议共之臣民，政柄操之君上，民无不通之隐，君有独尊之权"。[4]因此，仿行立宪之初，清廷即显示出对日本立宪模式的浓厚兴趣。

二、颁布《钦定宪法大纲》

1906年9月1日，清政府宣布预备立宪，确立了"大权统于朝廷，庶政公诸舆论"之宗旨。经过筹备，1908年8月27

---

[1] 故宫博物院明清档案部编：《清末筹备立宪档案史料》（上册），中华书局1979年版，第7页。

[2] 故宫博物院明清档案部编：《清末筹备立宪档案史料》（上册），中华书局1979年版，第15页。

[3] 故宫博物院明清档案部编：《清末筹备立宪档案史料》（上册），中华书局1979年版，第11页。

[4] 故宫博物院明清档案部编：《清末筹备立宪档案史料》（上册），中华书局1979年版，第6页。

日,清廷正式颁布《钦定宪法大纲》,宣布预备立宪以九年为期,并颁布《钦定逐年筹备事宜清单》。

《钦定宪法大纲》共 23 条,分为两部分,正文为"君上大权",共 14 条;附录为"臣民权利义务",共 9 条。从内容来看,《钦定宪法大纲》借鉴了日本明治宪法的大量内容,体现了极力维护皇权的主旨。"君上大权"包括"钦定颁行法律及发交议案之权","召集、开闭、停展、解散议会之权","设官制禄、黜陟百司之权","总揽司法权","爵赏"之权,"恩赦"之权,"宣战、媾和、订立条约及派遣使臣与认受使臣之权"等权力。同时,《钦定宪法大纲》对君权也作了一定的限制,如"不以命令改废法律",已委任之审判衙门与审判官"不以诏令随时更改",紧急情况下发布之诏令须在次年会期时交议会协议等。《钦定宪法大纲》规定臣民具有担任文武官职、议员之权,在法律范围内有言论、著作、出版及集会结社的自由,有不受非法逮捕监禁、处罚之权,财产及居所不受无故侵害之权等,有完纳赋税、当兵、遵守法律之义务。

作为中国历史上第一个宪法性法律,《钦定宪法大纲》对皇权作了一定限制,明确了宪法的合法地位,确认了臣民在法律上的权利义务,具有积极的历史意义。

三、设立咨议局及资政院

1907 年 9 月,清廷颁布上谕,令各省速设咨议局,在中央筹设资政院。1908 年 7 月,清廷颁行《咨议局章程》,明确咨议局为"各省采取舆论之地","以指陈通省利病,筹计地方治安为宗旨"。次年,全国除新疆之外的 22 省均设立了咨议局。咨议局议员虽以传统士绅为主,但有少数受过新式教育的新兴资产阶级人士加入,这使传统的地方权力结构发生了变化,对立宪政治和地方的发展起到一定推动作用。

1909年，清廷颁布《资政院院章》，规定资政院有议决岁出岁入预决算、税法、公债、新定法典及修改等职权，但"宪法不在此限"。资政院议员由钦选议员和民选议员各100人组成，民选议员由各省咨议局议员互选。如此一来，导致资政院的议员几乎全部为皇室亲贵、官僚士绅及立宪派上层，与近代西方国家的议会职能相差甚远。1910年9月，资政院正式召集议员，随后举行第一次常年会，次年召开了第二次常年会。资政院的历史仅一年有余，但民选议员的出现、资政院会议的公开辩论、监督国家财政、弹劾军机、讨论刑法等活动，均是中国政治生活中的重要事件，对民主宪政制度的启蒙具有重要意义。

四、颁行《宪法重大信条十九条》

《钦定宪法大纲》颁布之后，清廷因循拖延，资产阶级革命日趋激烈，立宪派不断请愿，要求速开国会。清廷在1910年11月4日发布谕旨，将预备立宪期限缩短为五年。1911年5月8日颁布《内阁官制》，任命庆亲王奕劻为总理大臣，13名国务大臣之中，汉族仅4人，满族9人，其中皇族竟有7人，且占据要害部门，人称"皇族内阁"。此举名义上为立宪作准备，实则图谋集权于皇族，结果反而加剧了内部的分化，使大批对朝廷立宪抱有希望的官僚大失所望。

1911年10月10日，武昌起义爆发，多省宣布独立，清廷面临土崩瓦解之势。29日，近在京畿的新军第二十镇统制张绍曾、协统伍祥祯、第二混成协协统蓝天蔚以及第三镇协统卢永祥等人通电清廷，要求接受他们所提出的限制君权、准军人参与立宪等"政纲十二条"，史称"滦州兵谏"。清廷照单全收。次日，清廷下罪己诏，命资政院起草宪法，赦免了戊戌以来的所有国事罪犯。11月1日皇族内阁总辞职，皇室提名袁世凯为内阁总理大臣。3日，资政院议决通过《宪法重大信条十九条》。

《宪法重大信条十九条》是清王朝在其统治摇摇欲坠的背景下制定的，其目的在于应付时局，因此以"政纲十二条"为依据，仿照英国宪政体制，采取君主虚位的内阁责任制。其中明确规定"皇帝之权，以宪法所规定者为限"。国会不仅拥有宪法的改正提案权、公选总理大臣权、议决皇室经费权，还有议决国际条约、年度预算等权，同时规定"总理大臣受国会弹劾时，非解散国会，即内阁总理辞职，但一次内阁不得为两次国会之解散""官制、官规以法律定之""国务裁判机关由两院组织之""上院议员由国民于法定特别资格中公选之"等。

11月16日，以袁世凯为总理大臣的内阁出台，内阁成员包括梁敦彦、赵秉钧、严修、王士珍、唐景崇、沈家本、杨士琦、张季直、达寿等人。皇室亲贵尽去，袁氏党羽占据要位。但被选入阁的立宪派名士梁启超（司法部副大臣）、杨度（学务部副大臣）、张季直（农工商部大臣）皆不就任。1912年2月21日，清朝末代皇帝溥仪宣布逊位，袁世凯内阁解散。

第二节　民国立宪活动

一、南京临时政府的立宪活动

（一）通过《中华民国临时政府组织大纲》

1911年10月10日武昌起义爆发后，短短两个月内，先后有15省宣布独立，组织革命政府。11月，湖北军政府制定公布了《中华民国鄂州约法》，为中国历史上第一部资产阶级宪法性质的约法。随后，为统一革命力量，独立各省代表在汉口、上海集会商议组织成立统一的革命政府，各省代表联合会推选雷奋、马君武、王正廷，起草了《中华民国临时政府组织大纲草案》。12月2日代表会开会，议决制定《中华民国临时政府组织大纲》，同时议决如果袁世凯反正，公举其为临时大总统。12月3日，由各省代表议决通过《中华民国临时政府组织大纲》。29日，各省代表会议推举孙中山为民国临时政府大总统。1912年1月1日，孙中山在南京宣誓就职，中华民国南京临时政府成立。

《中华民国临时政府组织大纲》共四章21条，其内容依据三权分立原则和总统制体制，对临时政府大总统、副总统的产生办法及职权，立法机关参议院的组成、职权及议程，以及行政各部及时效等作了规定。总统统辖行政各部，为最高行政机构，参议院为最高立法机关，临时中央审判所为最高司法审判机关。这一大纲是南京临时政府成立的法律依据。

（二）公布《中华民国临时约法》

《中华民国临时政府组织大纲》制定仓促，许多代表不满，要求制定内容更为完备的约法。因此，临时参议院决议制定临时约法。时任清总理大臣的袁世凯一方面威逼清帝退位，另一方面致电南京临时政府，"共和为最良国体，世界之公认，今由帝政一跃而跻及之，实诸公累年之心血，亦民国无穷之幸福。大清皇帝既明诏辞位，业经世凯署名，则宣布之日为帝政之终局，即民国之始基，从此努力进行，务令达到圆满地位，永不使君主政体再行于中国"。[1]1912年2月12日，清宣统帝下诏辞位，次日孙中山辞职，荐袁自代。孙中山向临时参议院提出了辞职咨文，附加了三个条件：其一，"临时政府地点设于南

---

[1] 转引自李剑农：《中国近百年政治史》，商务印书馆2011年版，第328页。

京，为各省代表所议定，不能更改"。其二，"辞职后，俟参议院举定新总统亲到南京受任之时，大总统及国务各员乃行辞职"。其三，"《临时政府约法》为参议院所制定，新总统必须遵守颁布之一切法制章程"。[1] 2月15日，参议院选举袁世凯为临时大总统，定都南京。3月11日，孙中山公布《中华民国临时约法》。

《中华民国临时约法》共七章56条，确立了资产阶级分权制衡的政治原则和民主共和政体。总纲中规定了主权在民原则，"中华民国由中华人民组织之"，"中华民国之主权属于国民全体"；规定了三权分立的政府体制，"中华民国以参议院、临时大总统、国务院、法院行其统治权"，各章分别规定了立法、行政和司法机关的组织及相互关系。《中华民国临时约法》改变了《中华民国临时政府组织大纲》中的总统制，规定临时大总统和国务员代表国家行使行政权，国务员即国务总理及各部总长，辅佐临时大总统而担负实际责任。在临时大总统提出法律案、公布法律及发布命令时国务员"须副署之"，实为责任内阁制。第二章规定了人民的权利义务，人民不分种族、阶级、宗教一律平等地享有言论、著作、集会、结社、居住、迁徙等自由权利，人民之身体与住宅非依法律不受侵犯和干涉等。《中华民国临时约法》还规定了严格的修改程序，附则中规定，"本约法由参议院议员三分之二以上或临时大总统之提议，经参议员五分之四以上之出席，出席员四分之三之可决，得增修之"。

《中华民国临时约法》以根本法的形式废除了在中国延续两千多年的封建专制制度，确立了资产阶级民主共和国的政治体制，使民主共和观念深入人心，开创了中国宪政的新局面，具

---

[1] 《孙中山全集》第二卷，中华书局1982年版，第84页。

有重要的历史意义。《中华民国临时约法》的制定者为限制即将接任临时大总统的袁世凯,将《中华民国临时政府组织大纲》中的总统制改为责任内阁制。此因人设法之举,颇受诟病。历史学家李剑农即指出,"这种拘于一时环境的立法精神是所谓'对人立法'的精神;对人立法,在理论上是不能赞许的;因为真正的大枭雄不肯把法律放在眼里,徒使公正的政治家失去政治运用应有的活动(后来约法的屡遭破毁,半由于袁氏和北洋军阀的跋扈,亦半由于约法本身的不良)"。[1]

二、军阀政府的立宪闹剧

(一)《中华民国约法》与袁氏称帝

1912年3月10日,袁世凯在北京就任中华民国临时大总统,参议院亦迁往北京,依据《中华民国临时约法》制定了《国会组织法》《参议院议员选举法》及《众议院议员选举法》,并于8月10日公布,国会选举活动随即展开。国民党在宋教仁的领导下,取得国会870个议席中的392席,有望组阁,成为袁世凯专权的最大阻碍,宋教仁随被刺杀。1913年4月8日,第一届国会正式召开,制宪活动随即开始。10月末,国会两院三读通过宪法全案,是为《中华民国宪法草案》,因制定地点在天坛祈年殿,又称"天坛宪草"。

"天坛宪草"在立法原则与内容方面继承了临时约法的精神,仍采用责任内阁制,遭到袁世凯的反对。袁世凯强迫国会改变先定宪法后选总统的程序为先选总统后定宪法,于1913年10月5日通过《大总统选举法》,次日选举袁世凯为大总统,随后就任。同时,袁世凯指使军阀反对"天坛宪草",又于11月4

---

[1] 李剑农:《中国近百年政治史》,商务印书馆2011年版,第331页。

日下令解散国民党，取消国民党籍议员资格，导致国会因不足法定人数而无法召开。1914年1月10日，袁世凯悍然宣布解散国会，"天坛宪草"遂被废弃。

嗣后，袁世凯先是指责《中华民国临时约法》对总统权力限制过多，在解散国会后又授意党徒成立了约法会议，向约法会议提出增修《中华民国临时约法》大纲，由约法会议于1914年4月29日通过了《中华民国约法》，5月1日公布，时称"袁记约法"。

"袁记约法"共十章68条，其核心内容是取消权力制衡，实行总统专权。其中规定"大总统为国之元首，总揽统治权"，"大总统对国民全体负责"，有召集立法院，宣告开会、停会、闭会甚至解散立法院之权，有任命法官组织法院之权等。"袁记约法"违背了近代宪法最基本的民主与分权制衡原则，是开历史倒车的行为。

"袁记约法"颁布后，袁世凯愈发倒行逆施，于1915年12月28日通过《大总统选举法修正案》，其中规定大总统任期十年，得连任，任满得圈定三人为继任候选人。31日，袁世凯宣布1916年为洪宪元年，复辟帝制，招致举国声讨。1916年3月22日，袁世凯被迫下令取消帝制，仍任大总统。6月6日，众叛亲离的袁世凯死亡，副总统黎元洪继任。

（二）曹锟贿选与《中华民国宪法》

1923年6月，在军阀混战中取胜的直系军阀曹锟控制了北京政权。为了使自己的政权合法化，曹锟利用武力逼迫黎元洪辞职，又以金钱收买议员，凡参加总统选举的议员，每人奉送5000元支票。10月5日，参议院、众议院两院议员举行总统选举会，出席议员593人，曹锟以480票当选总统，史称"贿选总统",议员为"猪仔议员"。国会将在"天坛宪草"基础上修订的《中华民国宪法草案》交付审议。8日,国会三读通过了《中华民国宪法》,10日由曹锟公布,史称"贿选宪法"。

《中华民国宪法》共十三章141条,分国体、主权、国土、国权、国会、大总统、国务院、法院、法律、会计、地方制度、宪法之修正解释及效力。为避免帝制重演,《中华民国宪法》中明确规定"中华民国永远为统一民主国","中华民国主权,属于国民全体","国体不得为修正之议题"。该宪法在政体上采用三权分立原则,规定了责任内阁制,由国会行使立法权,大总统在国务员的协助下行使行政权,法院行使司法权。国会由参议院、众议院组成,除立法权之外,有对大总统行使某些重要权力的同意权、对大总统的弹劾权和审判权。国务员对众议院负责,"大总统所发命令及其他关系国务之文书,非经国务员副署,不生效力"。法院编制及法官资格由法律规定,但"最高法院院长之任命,须经参议员之同意",法院依法受理刑事、民事、行政等诉讼,规定了司法独立以及保证这一原则的法官终身制、高薪制、审判公开等。该宪法规定人民享有广泛的自由民主权利,中央与地方实行分权等。

《中华民国宪法》以"天坛宪草"为基础,吸收了宪法学者十余年的研讨成果,内容系统全面,立法技术较为成熟,但这样一部形式先进、内容详备的宪法却以军阀贿选为其合法性基础,表明军阀政府根本无意实施,这使宪法的文本与宪政实践呈现严重背离。

三、南京政府的立宪活动

(一)公布《中华民国训政时期约法》

1927年4月18日,中华民国国民政府在南京宣布成立。

第八章 宪制文明

1928年10月3日，国民党中央常务会议通过了《训政纲领》，纲领以孙中山的权能分治与五权宪法思想为依据，规定由国民党代表大会代表国民大会行使政权，国民政府行使行政、立法、司法、考试、监察五项治权，国民党中央执行委员会指导监督国民政府重大国务的施行等。同年12月，东北军领袖张学良宣布易帜，南京国民政府完成了名义上的统一，宣布结束军政，进入训政时期。1931年6月1日，南京国民政府公布了《中华民国训政时期约法》。

《中华民国训政时期约法》在国体上仍采用民主共和制，规定"中华民国永为统一共和国"，"中华民国之主权属于国民全体"，但其核心内容是将《训政纲领》的内容具体化，以国家根本大法的形式确认国民党的训政体制，确立了国民党"以党治国"的统治地位。

（二）颁行《中华民国宪法》

国民党领导的南京国民政府成立以后，以孙中山的建国三阶段方略为由，长期实行训政。"九一八事变"后，日本加快了侵略中国的步伐。各民主党派与国民党内部分人士纷纷要求结束训政，实行宪政，集中国力，抗日救亡。历时三年、数易其稿，国民政府于1936年5月5日颁布了《中华民国宪法草案》，史称"五五宪草"。"五五宪草"规定，国民大会有选举和罢免正副总统、正副立法院长和监察院长、立法委员和监察委员权，创制和复决法律权，修改宪法权。但国民大会每三年召开一次，每次会期一月，无常设机关，无法真正行使权力。"五五宪草"在中央政府设置总统与五院，总统兼为国家元首和行政领袖，行政院长由总统任免，对总统负责；司法院、考试院两院正副院长由总统任命。因此，"五五宪草"继承了《中华民国训政时期约法》的精神，实为总统集权体制。嗣后，由于日寇挑起"七七事变"，全面抗战爆发，议员选举及国会召开被一再推迟。

抗战胜利后，国共两党举行重庆谈判，于1945年10月10日签订了《政府与中共代表会谈纪要》，即"双十协定"。1946年1月10日至30日，政治协商会议在重庆召开。其中的宪法草案小组有国民党代表、中共代表、民盟代表、青年党及无党派的社会贤达等参加，商定了12条修宪原则，确立了近代民主议会制度。随后，以宪法学家张君劢的宪法草案为基础，依据政协确定的修宪原则逐条讨论。由于其中诸多重要问题难以达成一致，草案被搁置。1946年11月，为吸引中间党派和社会贤达出席国民党单方面召开的制宪国大，政协修宪小组的未竟稿被修改后提交大会。12月25日，国民大会通过了《中华民国宪法》，1947年1月公布，12月25日实施。

《中华民国宪法》共十四章175条，总纲中规定"中华民国基于三民主义，为民有、民治、民享之民主共和国"，"中华民国之主权属于国民全体"，"中华民国各民族一律平等"。依据孙中山的权能分治、五权宪法理论，设立国民大会"代表全国国民行使政权"，国民大会代表任期六年，具有选举罢免总统、副总统、修改宪法、复决宪法修正案等权力。设立总统，为国家元首，对外代表国家，拥有统率海陆军、经行政院院长及相关部院副署公布法律、发布命令权；缔结条约、宣战、媾和权；经立法院通过或追认宣布戒严权；进行大赦、特赦、减刑、复权之权；任免文武官员权等。宪法还赋予总统紧急命令权、权限争议处理权以及核可提请复议权等。政府设五院行使五种治权：立法院为最高立法机关，由人民选举的立法委员组成，代表人民行使立法权，具体包括议决法律案、预算案、戒严案、大赦案、媾和案、条约案及其他重要事项；行政院为最高行政机关，实行责任内阁制，院长由总统提名经立法院同意后任命，行政院向立法院负责；司法院系国家最高司法机关，行使审判权与公务员之惩戒及法律解释权；考试院为最高考试机关，行使国家公务人员、专门职业技术人员等的考试、任用、铨叙、考绩、级俸、升迁等事项；监察院为国家最高监察机关，行使同意权、弹劾权、纠举权及审计权等。此外，宪法还规定了人民权利义务以及国家的军事、外交、经济、社会安全、教育文化等各种制度。

《中华民国宪法》形式上采用责任内阁制，但总统的权力远大于一般总统制国家总统的权力，实际上是将总统制、内阁制及五权宪法思想糅合在一起的政制，与《中华民国训政时期约法》及"五五宪草"相比，《中华民国宪法》有了一些进步，但这部宪法是在没有中国共产党和各民主党派代表参加的背景下制定的，缺乏广泛的代表性与合法性，而且南京国民政府制定此宪法的目的是在内战中争取民心，改变其专制政府的形象，并非真正想要还政于民。1948年5月，南京国民政府先后制定和通过了《维持社会秩序临时办法》《戡乱动员令》和《动员戡乱时期临时条款》，赋予总统以不受立法机关限制的紧急处分权，从而使宪法所确立的"英美混合制"成了实际上的"总统独裁制"，宪法随成具文。

第三节　新民主主义宪政活动

中国共产党自1921年成立后，就把争取民族独立、实现人民民主、建立新民主主义宪政国家作为自己的奋斗目标，在革命根据地创立和发展的过程中围绕中国革命的中心任务，制定和颁布了多部宪法性文件，作为新民主主义革命的纲领和根据地的根本法。

一、通过《中华苏维埃共和国宪法大纲》

中国共产党自成立便投身于工农革命运动之中，1922年6月15日公布《中国共产党第一次对于时局的主张》，7月发布《中国共产党第二次全国代表大会宣言》，提出了反帝反封建、实现中华民族独立、建立民主共和国的奋斗目标。经过艰苦卓绝的武装斗争，先后建立了十几个革命根据地。1931年9月，第三次反围剿胜利后，以江西瑞金为中心的各个革命根据地已经连成一片，建立中央政权机关和制定宪法的条件已经成熟。11月，在瑞金中央苏区召开了第一次全国工农兵代表大会，制定、通过了《中华苏维埃共和国宪法大纲》，这是新民主主义宪政的第一个实践成果，在1934年1月召开的第二次全国工农兵代表大会上又作了修订完善，除几十处文字上的修改外，最主要的是在第1条增加了"同中农巩固的联合"这一政策性内容。

《中华苏维埃共和国宪法大纲》确立了中华苏维埃共和国的任务和目的就是"保证苏维埃区域工农民主专政的政权和达到它在全中国的胜利"，就是"消灭一切封建残余，赶走帝国主义列强在华的势力，统一中国，有系统地限制资本主义的发展；进行苏维埃的经济建设，提高无产阶级的团结力与觉悟程度，团结广大贫农群众在它的周围，同中农巩固的联合，以转变到无产阶级专政"。大纲规定了苏维埃国家政权性质是工农民主专政，苏维埃政权属于工人、农民、红色战士及一切劳苦民众；实行工农兵代表大会制度，最高政权机关为全国工农兵代表大会。大纲规定了苏维埃区域内工农兵及劳苦大众不分男女、民族、宗教，都享有平等权、参政权、参军权、民主自由权、信教自由权、婚姻自由权、劳动权、受教育权等权利。大纲还规定了苏维埃国家经济由国营经济、私人经济和合作社经济构成，国营经济处于领导地位；规定了保障少数民族建立自治区域，不承认帝国主义在华特权与不平等条约的外交政策等。这部宪法性文件在中国革命历史上具有开创性，但受极"左"错误及经验缺乏的影响，存在照搬苏联经验、混淆民主革命与社会主义革命阶段、狭隘的关门主义等局限和不足。

二、颁布抗日民主政权的施政纲领和保障人权条例

抗日战争时期，中国共产党适应全面抗日的民族战争的时代需要，调整了革命的战略方针，以抗日、团结、民主为中心，建立了抗日民族统一战线。依据党的《抗日救国十大纲领》，陕甘宁边区、晋察冀边区、冀鲁豫边区及山东根据地等相继制定颁布了施政纲领和保障人权条例，将中国共产党的宪政主张具体化，其中尤以《陕甘宁边区施政纲领》与《陕甘宁边区保障人权财权条例》为代表。

1941年5月1日颁布的《陕甘宁边区施政纲领》，又称"五一施政纲领"，是由中共西北中央局提出、中共中央批准，1941年11月召开的陕甘宁边区第二届参议会上"一致认为该纲领不但适合于边区的需要，而且完全符合于中国的国情，是唯一正确的边区施政方针，也是团结抗战以救中国的良策"。[1]因此，接受此纲领为陕甘宁边区抗日民主政权的根本性法律文件。

《陕甘宁边区施政纲领》明确抗日民主政权的总任务就是动员和团结边区各阶层、各抗日党派，发动一切人力、物力、财

---

[1] "通过施政纲领决议"，中国社会科学院近代史研究所、《近代史资料》编译室主编：《陕甘宁边区参议会文献汇辑》，知识产权出版社2013年版，第106页。

力、智力,开展游击战争,全民武装自卫,扩大抗日武装,惩治汉奸卖国贼,坚持抗战到底。在抗日民主政权中实行"三三制",代表无产阶级和贫农的共产党员、代表农民和小资产阶级的非党左派进步人士以及代表民族资产阶级和开明士绅的中间分子,各占三分之一。经济上,在土地已经分配的区域保证取得土地的农民之私有土地制,在土地未经分配的区域实行地主减租减息、农民交租交息,调解劳资关系,既改善工人生活,又使资本家有利可图,发展抗日经济。确定一切抗日人民享有广泛的民主自由权利。保证一切抗日人民(地主、资本家、农民、工人等)的人权、政权、财权及民主自由权,实行普遍、平等、直接、无记名投票选举制度等。同时,实行廉洁政治,消灭文盲、推广新文字教育,推广卫生行政,救济外来灾难民,对战斗中被俘之敌军及伪军官兵一律实行宽大政策等。纲领贯穿了"团结、抗战、救中国"的基本精神,是引导和鼓舞边区人民争取抗战胜利、建设模范民主边区的根本法。

为贯彻施政纲领中关于保障人权的政策,陕甘宁边区第二届参议会在1941年11月7日通过、次年2月公布了《陕甘宁边区保障人权财权条例》。该条例共22条,是施政纲领中权利保障的具体化。该条例第1条明确了"以保障边区人民之人权、财权不受非法侵害"的立法目的,第2条至第5条规定了"边区一切抗日人民不分民族、阶级、党派、性别、职业与宗教,都有言论、出版、集会、结社、居住、迁徙及思想信仰之自由,并享有平等之民主权利"。保障边区一切抗日人民包括土地、房屋、债权及一切资财在内的合法的私有财产权益,一切租典债约须依双方自愿,遵照政府法令实行减租减息、交租交息等。该条例规定了保障上述人民权利的具体措施:边区人民之财产、住宅,除因公益有特别法令规定外,任何机关、部队、团体不得非法征收、查封、侵入或搜捕；司法与公安机关逮捕人犯应有充分证据，并遵守法定程序，不得随意拘捕和搜索；除现行犯外，任何机关、部队、团体和个人，不得对任何人加以逮捕、审问、处罚；司法机关要依靠证据、按照规定处理民刑案件，严禁刑讯逼供；尊重犯人人格，保护其法律地位；"人民利益如受损害时，有用任何方式控告任何公务人员非法行为之权"等。

《陕甘宁边区施政纲领》与《陕甘宁边区保障人权财权条例》在陕甘宁边区得以有效落实，边区也因此成为中国抗战时期民主政治的模范区域。

三、通过《陕甘宁边区宪法原则》

抗战胜利后，国共签订"双十协定"，确定了和平建国的基本方针，即两党"必须共同努力，以和平、民主、团结、统一为基础"，结束训政，实行宪政，"建立独立、自由、富强的新中国"，召开政治协商会议等。1946年1月召开的政治协商会议通过了关于和平建国纲领、政府组织、国民大会、军队问题和宪法草案问题的五项决议。其中关于宪法草案问题，确立了国会制、内阁制、省自治等制度。据此，1946年4月召开的陕甘宁边区第三届参议会制定通过了《陕甘宁边区宪法原则》，作为抗战胜利后各人民民主政权的指导性文件。该宪法原则确立了人民代表会议制度，即由人民通过普遍、直接、平等、无记名方式投票选举各级人民代表，各级人民代表会议选举政府工作人员，各级政府对人民代表会议负责，各级人民代表对选举人负责；规定了民族区域自治原则；提出了司法独立原则；规定了人民享有各项民主自由权利；规定了耕者有其田、劳动者有职业、企业有发展机会的经济政策；规定了通过各种方式促进经济繁荣，消灭贫困，欢迎外来投资，发展农业工业经济；提高一般人民的文化水平，从速消灭文盲，减少疾病与死亡现象，保障学术自由，致力科学发展等政策。

根据《陕甘宁边区宪法原则》，陕甘宁边区参议会副议长谢觉哉受边区政府和参议会委托，聘任法律专家起草宪法条文，拟定了《陕甘宁边区宪法草案》，但由于全国内战爆发，制宪工作停止。解放战争期间，党领导的人民政权于1947年4月制定了《内蒙古自治政府施政纲领》、1948年8月制定了《华北人民政府施政方针》，确立了解放区人民政府的基本任务和各项政策。

四、《中国人民政治协商会议共同纲领》的制定与新中国的成立

1947年10月10日，毛泽东主席为中国人民解放军总部起草了《中国人民解放军宣言》，宣言分析了当时国内形势，提出"打倒蒋介石，解放全中国"的口号，宣言总结了革命根据地政权建设的基本经验，提出建立民主联合政府、实行人民民主专政的目标。1949年10月，中国人民在中国共产党的领导下，经过二十多年的艰苦奋斗，取得了反对帝国主义、封建主义和官僚资本主义的人民革命的胜利。为巩固革命胜利的成果，确定新中国成立后的方针政策，需要及时制定宪法。由于全国还未全部解放，人民战争尚在进行，还不具备条件召开由普选产生的全国人民代表大会并且制定一部完善的正式宪法。因此，中国共产党邀请各民主党派、人民团体、人民解放军、各地区、各民族以及国外华侨等各方面的代表六百多人，组成中国人民政治协商会议以代行全国人民代表大会的职权。

1949年9月21日，中国人民政治协商会议开幕。会议讨论通过了《中国人民政治协商会议组织法》《中华人民共和国中央人民政府组织法》和中华人民共和国国都、纪年、国歌、国旗四个决议案。1949年9月29日，会议讨论通过了《中国人民政治协商会议共同纲领》《中央人民政府副主席和全体委员名额》《关于选举中国人民政治协商会议全国委员会和中央人民政府委员会的规定》三个议案。9月30日，选举产生了中国人民政治协商会议第一届全国委员会和中央人民政府委员会，通过了《中国人民政治协商会议第一届全体会议宣言》。中国人民政治协商会议代行全国人民代表大会的职权，完成了创建中华人民共和国的历史重任。

《中国人民政治协商会议共同纲领》除序言外，分为总纲、政权机关、军事制度、经济政策、文化教育政策、民族政策、外交政策共七章60条。纲领肯定了人民革命的胜利成果，宣告了封建主义和官僚资本主义在中国统治的结束和人民民主共和国的建立，规定了新中国的国体和政体。纲领确认"中国人民民主专政是中国工人阶级、农民阶级、小资产阶级、民族资产阶级及其他爱国民主分子的人民民主统一战线的政权，而以工农联盟为基础，以工人阶级为领导"。纲领规定人民代表大会制度为新中国政权的组织形式；宣布取消帝国主义在华的一切特权；没收官僚资本，进行土地改革；纲领规定了新中国的各项基本政策和公民的基本权利和义务。作为临时宪法，纲领确定了新中国国家制度和社会制度的基本原则及各项基本政策，对于巩固人民政权，加强革命法制，维护人民民主权利，以及恢复和发展国民经济方面都起到指导作用。其中的许多基本原则在制定1954年宪法时都得到了确认和进一步发展，在我国宪政史上具有重要的历史意义。

第四节　中国近代宪政活动的历史意义

从清末五大臣出洋考察政治到新中国的成立，中国近代的宪制实践历经半个世纪，仿行多种宪制模式，过程艰难曲折，具有重要的历史意义。

一、从对西方宪制模式的移植到宪制的中国化

中国传统法制中宪制文化的资源匮乏，其近代宪制实践的开端始于对西方宪制的移植、模仿与本土化变革，最终发展为立足于中国国情的新民主主义宪政国家的建立。清末预备立宪中的第一部宪法性文件《钦定宪法大纲》，以日本1889年明治宪法为范本，相同相近的条文高达百分之九十左右，但模仿的同时，确定了宪法重在维护"君上大权"的主旨。清廷在辛亥革命爆发后匆匆制颁的《宪法重大信条十九条》以英国立宪制度为模板，全面接受了滦州兵谏者的主张，其目的在于挽救清皇室命运。民国南京临时政府颁行的《中华民国临时约法》，仿照美国三权分立的宪法制度，规定了总统制，但在"天坛宪草"中意欲约束袁世凯而因人制法，改总统制为责任内阁制。嗣后，军阀袁世凯撕毁"天坛宪草"，一手炮制《中华民国约法》，徒有近代宪法的形式，实为军阀独裁的工具。直系军阀曹锟更是将1923年《中华民国宪法》当作贿选丑剧的"遮羞布"。中国近代宪政实践中，功利主义色彩浓厚，但接轨世界宪制文明是其共同特点，清末及民国前的当权者为了各自不同的目的而对宪制作出了若干本土化的改革。

孙中山提出，"我们现在要集中外精华，防止一切流弊，便要采用外国的行政权、立法权、司法权，加入中国的考试权和

监察权,连成一个很好的完璧,造成一个五权分立的政府。像这样的政府,才是世界上最完全、最良善的政府"。[1]孙中山所主张的权能分开、人民有权、政府有能的"五权宪法"思想是将中国传统制度与西方宪制结合的典型产物。这一思想直接影响了南京国民政府的立宪与实践,《中华民国训政时期约法》、1947年《中华民国宪法》及南京国民政府长期的训政实践即是其结果。"中国近代由孙中山先生提出,并由南京国民政府实行的'五权宪法',完全是一个中国近代移植西方宪法、结合中国实践的本土化的经典范例。"[2]

中国共产党领导的革命根据地人民民主政权的制宪活动亦以仿照苏联宪法开始,《中华苏维埃共和国宪法大纲》与苏俄1918年社会主义宪法在国家政权的性质、目的及最高权力机关的名称、体系、职权等方面具有相似性。随着中国革命的发展和实践经验的积累,革命根据地的宪政活动开始立足于中国国情和革命实际,以及1940年毛泽东《新民主主义论》的发表,形成了宪制的中国特色。《陕甘宁边区施政纲领》《陕甘宁边区宪法原则》《中国人民政治协商会议共同纲领》等宪法性文件引领和指导着中国革命,从工农民主专政发展到抗日民主制度,再到人民民主专政,最后建立了新民主主义政权的新中国。这一伟大的历史创举,是中国近代宪政发展的最高成就。

二、确立了宪法作为国家根本法的地位及法典化宪法传统

清末第一个宪法性文件《钦定宪法大纲》在中国历史上首

---

[1] 谢瀛洲:《五权宪法大纲》,北平商业印刷局1929年版,第55页。转引自何勤华:"法的国际化与本土化:以中国近代移植外国法实践为中心的思考",载《中国法学》2011年第4期。

[2] 何勤华:"法的国际化与本土化:以中国近代移植外国法实践为中心的思考",载《中国法学》2011年第4期。

次将皇权规范在宪法之中,确立了宪法作为国家根本法的地位。嗣后,从南京临时政府的《中华民国临时约法》、袁氏独裁的《中华民国约法》、1923年《中华民国宪法》到南京国民政府的《中华民国训政时期约法》及1947年《中华民国宪法》,无论是资产阶级的立宪活动还是军阀独裁,无一不将各种形式内容的"宪法"作为自己权力合法性的依据。

在革命根据地,由苏维埃工农兵代表大会通过的《中华苏维埃共和国宪法大纲》、各抗日根据地的施政纲领及《中国人民政治协商会议共同纲领》等宪法性文件,体现了人民民主,是人民民主政权创立和发展的法律依据。因此,通过法典式宪法(或宪法性文件)确立国家与社会的根本政治制度,成为中国近代以来的传统。

三、渐次确立了对公权力的限制及对私权利的保障

近代宪法以对公权力的约束及对私权利的法律保障为其核心,而在中国近代宪政历程中,对公权力的约束与对私权利的保障是一个复杂的过程。1908年8月27日,宪政编查馆和资政院拟定了《钦定宪法大纲》《议院法要领》《选举法要领》及议院未开以前《钦定逐年筹备事宜清单》并奏请清廷钦定。在奏折中阐明宪政之精义不外乎三个方面:一是君主神圣不可侵犯;二是君主总揽统治权,按照宪法行之;三是臣民按照法律,有应得应尽之权利义务。[1]《钦定宪法大纲》中明列"君上大权"14条,且规定"不得以诏令随时更改法律"等,显然是对最高权力的明确限制。大纲对臣民的权利和义务作了逐条规定:臣

---

〔1〕 故宫博物院明清档案部编:《清末筹备立宪档案史料》(上册),中华书局1979年版,第56~57页。

民有合于法律命令之资格者，得为文武官吏及议员；非依法律规定，不得加以逮捕、监禁、处罚；在法律范围内，有言论、著作、出版、集会、结社自由；可请法官审判呈诉之案件；臣民应专受法律所定审判衙门之审判；财产及住宅无故不加侵扰等。在中国近代史上，《钦定宪法大纲》可谓开了限制公权力及保障私权利的先河。《宪法重大信条十九条》采取英国的虚君共和制，实行责任内阁制，规定"皇帝之权以宪法规定者为限"，确认了皇权有限原则，比《钦定宪法大纲》更进一步。

《中华民国临时约法》以基本法的形式确立了资产阶级的分权原则，规定"中华民国之主权，属于国民全体"；人民享有广泛的民主自由权利。比之清末，其对公权力的限制和对私权利的保障有了质的飞跃。

《中华民国约法》与1923年的《中华民国宪法》虽为军阀弄权的工具，却仍然不得不披上"约法"形式，均写上了中华民国主权属于国民全体以及人民享有的各种权利及自由等条文。《中华民国训政时期约法》确立了"以党代政"，国家权力垄断于国民党手中。其第二章专门规定了人民的权利和义务，但这些权利义务有"非依法律"之限制，随时可被法律剥夺。同时，因训政时期"由国民党全国代表大会代表国民大会行使中央统治权"，实际剥夺了人民应有的选举、罢免、创制、复决四大政权。1947年的《中华民国宪法》规定"中华民国之主权属于国民全体"，规定了较为广泛的人民民主自由权利，但同时第23条又规定"以上各条列举之自由权利，除为防止妨碍他人自由，避免紧急危难，维持社会秩序，或增进公共利益所必要者外，不得以法律限制之"。该宪法颁布后不久，南京国民政府制定了《戡乱时期危害民国紧急治罪法》《维持社会秩序临时办法》等，严格限制人民民主自由权利的行使。

从《中华苏维埃共和国宪法大纲》《陕甘宁边区施政纲领》《陕甘宁边区宪法原则》到《中国人民政治协商会议共同纲领》，革命根据地及中华人民共和国成立时期的宪法法律不但确立了人民享有广泛的民主自由权利，而且通过具有广泛代表性的人民民主政权保障了人民民主自由权利的行使，如《陕甘宁边区施政纲领》和《陕甘宁边区保障人权财权条例》中均明确规定人民有用任何方式控告任何公务人员非法行为之权利，《中国人民政治协商会议共同纲领》第19条亦明确规定："在县市以上的各级人民政府内，设人民监察机关，以监督各级国家机关和各种公务人员是否履行其职责，并纠举其中之违法失职的机关和人员。人民和人民团体有权向人民监察机关或人民司法机关控告任何国家机关和任何公务人员的违法失职行为。"新民主主义的宪政实践，创立了约束公权力和保障私权利的新形式。

第九章 红色法治文明

第九章 红色法治文明

第一节 红色文化概述

文化是一个国家、一个民族的灵魂。文化兴国运兴，文化强民族强。"没有高度的文化自信，没有文化的繁荣兴盛，就没有中华民族伟大复兴。"[1]红色文化指的是自中国共产党成立以来，领导中国人民在长期的革命战争、社会主义建设和改革开放大潮洗礼的过程中逐渐形成的，反映着中国共产党和最广大劳动人民的理想、信念、道德、价值的文化。2019年3月4日，习近平总书记在看望参加全国政协十三届二次会议的文化艺术界、社会科学界委员时表示："共和国是红色的，不能淡化这个颜色。"

一、中华优秀传统文化是红色文化的思想渊源

人民英雄纪念碑上有这么一段话："由此上溯到一千八百四十年，从那时起，为了反对内外敌人，争取民族独立和人民自由幸福，在历次斗争中牺牲的人民英雄们永垂不朽！"回望中国历史上反抗专制，反抗压迫的农民起义，从夏末"时日曷丧，予及汝皆亡"的气魄，到大宋王朝王小波、李顺起义"吾疾贫富不均，今为汝等均之"的高歌，再到太平天国一律平均，无处不均匀，无人不饱暖，凡天下田，天下人同耕的壮志，从为己而战到为民众而斗争，在一次次的反抗中逐步提出平均主义思想，从经济上平均到政治上平等，都是在求生存，谋美好，历史不会重现，但哪里有压迫哪里就有反抗的精神一直是我们

---

[1] 习近平："决胜全面建成小康社会 夺取新时代中国特色社会主义伟大胜利——习近平同志代表第十八届中央委员会向大会作的报告摘登"，载《人民日报》2017年10月19日，第4版。

的民族特性。

中国共产党作为中华民族的先锋队，自成立之日起就继承了中华传统文化里民为邦本的思想，所以一直坚守从群众中来到群众中去的群众路线，坚守一切为了人民、服务人民的初心，坚持在斗争中发展，在改革中创新，红色文化就是党和人民在伟大斗争中联系实际，汲取历史经验孕育而成的革命文化和社会主义先进文化，积淀着中国人民最深层次的精神追求，它不是孤立地存在于革命时期，而是中华优秀传统文化的重要组成部分，是对传统文化的继承和发展，革命时期的动荡不是传统文化的断层，而是孕育红色文化的重要时期，是向近现代文化发展的重要一环。

二、红色文化是马克思主义中国化的文化结晶

"十月革命一声炮响，给我们送来了马克思列宁主义。"[1]一批具有先见卓识的共产主义者将马克思主义引入中国，李大钊更是预言，"试看将来的环球，必是赤旗的世界"。社会主义由空想变成现实不仅是因为马克思主义的科学性，更是因为先进的共产党人善于把马克思主义与各国各民族的优秀文化传统及国情结合起来推进马克思主义本土化。

中国共产党在马克思主义的指导下，摸索构建了符合自身实际的革命文化，中国共产党建立的政权是红色政权，组建的工农武装部队是红军，革命的旗帜是红旗，解放区的根据地称为红区，创办的刊物《红旗》《红色中华》《红星报》《红星》等都与"红"有关，这种革命文化经过进一步发展和丰富成为红

---

[1] 毛泽东："论人民民主专政"，载《毛泽东选集》第四卷，人民出版社1991年版，第1471页。

色文化。它以马克思主义基本原理为根本指导,以马克思主义的中国化、时代化、民族化实践为发展进程,以马克思主义及其中国化的思想精髓为核心内涵,实现"马克思主义中国化"从概念到理论、从理论到实践的伟大飞跃。

从"红船精神"到"苏区精神",从"延安精神"到"西柏坡精神",从新民主主义文化到中国特色社会主义文化,无不体现着马克思主义中国化在红色文化发展中的重要作用。两者之间紧密依托之关系,决定了新时代红色文化应该而且完全可以不断推动马克思主义中国化的历史进程。

第二节 党领导法制的传统

一、党的"一元化"领导体制

一是在同级党政民各组织的相互关系上,党的组织领导一切。二是在中国共产党党内的上下级关系上,个人服从组织,下级服从上级,全党服从中央,这种一元化体制可追溯至苏维埃时期。当抗日战争进入相持阶段之后,严峻的革命形势要求各系统上下级隶属关系更加灵活,在各根据地内部则更加集中统一领导,以达到协调关系、提高战斗力的目的。

中国共产党"一元化"领导体制正式确立的纲领性文件是1942年9月1日中共中央《关于统一抗日根据地党的领导及调整各组织间关系的决定》。党的"一元化"领导作为革命战争年代形成的一种领导体制,党的委员会对党、政、军、民,包括法制等一切工作实行统一领导。陕甘宁边区时期采取了两种具体的方式实现党对政法工作的绝对领导,一种是党制定路线、方针、政策,并经立法程序形成法律法规,然后由司法机关依法审判，忠实地贯彻执行这些法律法规；另一种是党直接介入司法的过程，在一些有影响的重大案件中，党组织过问具体案件，直接参与审判决策。从边区的制度设计来看，该制度选择的是前者，但在具体实践中，则是同时采用了这两种模式。

二、法制工作服从政治大局

法制工作突出政治性、阶级性，自觉围绕党的中心工作开展工作。黄克功案件是这一时期政法工作兼顾法律效果和社会效果最为典型的例子。1937年10月，延安发生了一起轰动性的刑事案件，26岁的红军干部黄克功因恋爱纠纷，怒而枪杀16岁的陕北公学女学生刘茜。案发后，黄克功很快被拘捕起诉，由边区高等法院审理，其间黄克功写信给法庭及毛泽东主席请求宽恕。延安各界舆论出现了两种倾向，一种是要求严惩，另一种是认为可以让其戴罪立功。鉴于此，时任陕甘宁边区高等法院代院长、刑事审判庭庭长的雷经天向党中央和毛主席提出了减刑意见。

1937年10月10日，即黄克功枪杀刘茜后的第五天，毛泽东主席亲笔给雷经天回信，回信中说："如为赦免，便无以教育党，无以教育红军，无以教育革命者，并无以教育做一个普通的人。因此中央与军委便不得不根据他的罪恶行为，根据党与红军的纪律，处他以极刑。"[1]黄克功最终被判决死刑，10月11日，在公审黄克功的大会上，雷经天宣读了毛主席的这封信。很快这封信的内容就在延安传开了，社会各界深为中国共产党的纪律严明、执法公正所折服。

---

[1]《毛泽东书信选集》，人民出版社1983年版，第100页。

第三节 "司法半权"体制

一、"司法半权"的准确内涵

陕甘宁边区法制建设是新中国法治的雏形,是党从局部执政到全面执政法制经验的集中体现。这一时期的司法体制继承了苏维埃时期司法制度的传统。在苏维埃政权结构中,司法是设在政权机关之中的,是政权的一部分。1939年1月,陕甘宁边区第一届参议会通过《陕甘宁边区抗战时期施政纲领》,并在这一宪法性文件中确定了边区"两权半"的政权结构。"两权"是指立法权和行政权,分别由参议会和政府机关行使;"半权"是指司法权,由司法机关行使。"司法半权"的准确含义是:"司法机关在党的领导下,在民众的参与和监督下依照法律从事审判工作,行使审判权。需要指出的是,这里的'工作'是就司法工作的整体而言的,并非指法官个人,也不是泛指具体个案。"[1]

任何政法机关独立于党的领导之外是绝对不被允许的。司法工作是以坚持执行党的方针、政策,以改造社会为终极目的,是政权整体工作中的一个环节,其权力不是终极的。党与法制(司法)机关的关系是决定与执行之间的关系。

二、"司法半权"体制的实践理性

纵览这一权力分配结构,是从边区的实际出发,符合边区客观实际的。用现代政治的标准衡量,司法机关"半权",即列入政府序列,受政府领导,显然是一种缺憾。但是从当时的情

---

[1] 侯欣一:"谢觉哉司法思想新论",载《北方法学》2009年第1期。

况分析，又有其存在的实践合理性。

"司法半权"体制适应了边区战争环境的需要。一方面，需要政府对各种紧急情况、重大问题及时作出反应；另一方面，需要政府集中更多的权力，具有更大的权威。司法机关受政府领导，纳入整个政府工作，成为其中的一部分，既有利于与决策机关的部署和行动步调一致，也有利于司法工作在非常情况下得以顺利开展。

"司法半权"体制适应了当时边区政权甫立、法制观念淡漠的实际。一是传统的，一是现实的。传统的情况是，中国数千年政权结构的一大特点就是行政司法不分。现实的情况是，"游击作风的影响，视法律为具文"。边区的干部经历了十几年的战争生活，长期从事武装斗争，养成了漠视法律、轻视法律的思想和习惯。

"司法半权"体制适应了边区法律不完备、组织不健全、司法干部业务能力较低的实际。边区高等法院作为中央最高法院"管辖"之下的一个省级机构，不能不采取国民政府司法制度的某些形式，但其本质则是与之完全不同的。这就决定了国民政府的法律除一小部分可以适用之外，多数法律边区法院不可能照搬，而此时边区法律和法院系统又在草创阶段，这就造成了边区法律不完备、法院不健全的状况。

三、"政法传统"的雏形

在陕甘宁边区，尽管司法以"服务于政治"为价值取向，但司法的政治化不是党政给予司法直接的干预，而是在具体的司法过程中生成的。"政法传统"在司法中生成的具体过程主要有几种方式，包括：特别法的制定，通过立法途径进入司法；司法审级的设计，政府委员会进入审级；与党政高度统一的司法人员的影响,等等。

　　为了实现革命的最终目标,陕甘宁边区进行了大量的特别立法,以实现党的政策。贪污浪费特别法、土地租佃特别法、婚姻法均是如此。政治因素于是就通过党领导下的立法机构——参议会进入法律文本,例如陕甘宁边区的《惩治贪污暂行条例》,正是内含着党在延安时期全心全意为人民服务、甘做人民公仆的精神,为了杜绝边区的各种贪污腐败,实现廉洁政治,边区甚至规定:"禁止任何公务人员假公济私之行为,共产党员有违法者从重治罪。"政治因素、政策影响,就通过制定特别法律,进入司法审判当中。

　　政治因素影响司法的具体路径,还体现在司法审级制度方面,从而保证司法形式的合理性。如在肖玉璧案发的1941年,虽然边区政府审判委员会尚未成立,但整个案件的处理过程,已经初步体现出审判委员会作为边区高等法院上一审级的早期形式了。虽然没有审判委员会,但案件的定罪量刑反复多次地报请审核,使得边区政府委员会,特别是边区政府主席、参议会议长等人,已经在事实上成为边区司法的第三审级,也是案件的终审机关。作为党领导下的边区最高行政机关,边区政府自然以落实党的政治要求、党的政策为最终目的,是否有利于抗战,是否有利于教育党员干部,是否有利于让人民群众满意,很自然地排在了是否符合狭义上的形式法治要求的前面。于是,通过事实上的司法审级制度,政治影响得以在司法过程中生成。

　　政治影响还体现在与党政高度统一的司法人员的具体工作中。时任陕甘宁边区高等法院代院长、刑事审判庭庭长的雷经天忠实贯彻党的政策方针,一贯坚持人民民主的司法思想,本身就是贯彻了政法工作的基本精神。在抗战时期,雷经天就提出了"新民主主义司法",为实现政治目的,新民主主义司法的主要任务是保障抗战胜利,保卫民主政权,保持革命秩序,保护人民利益。司法人员需要自觉地将政治要求内化到司法案件的审理中,在"政法传统"的生成中,扮演着关键的角色。

这种"政法传统"不仅仅是通过法律之外的政治影响形成,更是在具体的司法过程中逐渐生成的。揆诸历史,这一法律新传统的生成,并不仅仅是在中华人民共和国成立后,而是在党领导下的陕甘宁边区革命根据地时期法制建设中就初见端倪,换言之,它是伴随着陕甘宁边区形成的革命法律传统而出现并一直延续至今。

第四节 红色法治传统的传承与实践

一、追求公平正义是法治初心

掌握先进思想理论的中国共产党,既是进步法律制度的引领者,又是法律制度得以有效实施的保障者。革命时期的法制处于由传统向现代转型的过程中,在婚姻、土地等诸多领域,传统习俗、习惯的影响非常大,但无论是立法,还是审判与调解,那个时期的法治并不是无原则地迁就落后的习俗,而是始终在以进步的理念引领社会发展。

"徒法不足以自行",法治的实现必然有其适宜的环境或条件。陕甘宁边区时期,党领导下的根据地大多处于农村,当地社会受到传统习俗的强大影响,法律发展十分滞后。党不仅十分重视法制建设,更通过人民司法、法律宣传等多种方式,提高人民群众的法律意识。这一时期的法治建设体现出朴素的实践智慧。谢觉哉在总结新民主主义司法时说,我们是和群众结合的司法,"条文不是第一,第一是群众的实际;经验不是第一,第一是到实际中去获得新经验;形式不是第一,第一是能解决问题"。

惟有人民群众才是法律价值的真正依归,也是法律的生命力所在。党在革命时期的法治建设中,之所以有诸多全新的创造,既归因于"为人民服务"之党的根本宗旨,同样离不开人民群众的朴素经验与实践智慧。当下的法治建设,同样离不开"以人民为中心"理念的指引,因为只有人民才是法律真正的主人。现代法律,特别是司法强调"形式理性",要求对法律条文采取"教义式"的严格解释,这是法治的必然要求。但在民事领域,特别是邻里纠纷、家庭矛盾等诉讼及调解中,还是应该更多地运用实践智慧,以解决问题、修复社会关系作为指向。

二、党的领导是实现法治的关键

法治是国家治理体系和治理能力现代化的重要途径,是推动实现"两个一百年"奋斗目标和中华民族伟大复兴中国梦的重要保障。党的十八大以来,中国法治建设得到了迅速发展,法治国家、法治政府与法治社会建设取得长足进展,依法治国与依规治党同步推进,人民群众的公平感普遍增强,这都得益于党的领导。

党的领导攸关社会主义法治道路方向。法治是人类社会共同的追求,但走什么样的法治道路,选择什么样的法治模式,需要深入考察一国的国情、社情与民情,作出符合实际的选择。中国共产党在长期的革命、建设和改革中,基于对中国国情的准确判断,将马克思主义法治思想、国外法治的成功经验与中国实际结合起来,形成具有中国特色的法治道路。中国特色社会主义法治道路方向,正是在党的领导下逐步形成与完善的。

党的领导得到法治实践的检验。回顾中国百年法治历程,中国的法治建设在曲折中前进。中华人民共和国成立之前，我们党在局部执政时期就制定并实施了劳动法、婚姻法、土地法等法律，确立了为劳苦大众争法权、争平等的"初心"；在党的七大上，毛泽东同志就提出要建设一个独立、自由、民主、统一与富强的中国，保障人民言论、出版、信仰等基本权利，奠定了新民主主义与社会主义法治的基础；改革开放之初，邓小平同志多次发表讲话，着重强调"发扬民主，加强法制"；党的十八大以来，以习近平同志为核心的党中央确立了全面依法治国的方针，将社会主义法治建设继续向前推进。凭借着特有的理论优势、组织优势与实践智慧，在党的领导下，社会主义法治不断健全，人民群众的各项权利保障水平稳步提高。

党领导法治建设适应社会发展的现实需要。近年来，中国立法水平的提高、司法改革的成就、依法行政的不断推进，无不是在党的正确领导下实现的。当今移动互联、人工智能、大数据等新兴技术的发展，给社会带来许多深刻的变化。新兴科技给人类生活带来了诸多便利，但同时潜藏着各种风险。法治建设滞后或不健全，就难以满足和保障人民群众的安全期待与合法权利；而人民美好生活的需要日益广泛，不仅对物质文化生活提出了更高要求，而且在民主、法治、公平、正义、安全、环境等方面的要求日益增长。

从革命历史到共和国现实，从理论到实践，中国法治建设都离不开传承红色基因，离不开加强党的领导。2018年3月8日，习近平总书记在参加十三届全国人大一次会议山东代表团审议时强调："红色基因就是要传承。中华民族从站起来、富起来到强起来，经历了多少坎坷，创造了多少奇迹，要让后代牢记，我们要不忘初心，永远不可迷失了方向和道路。"2019年，习近平同志在《求是》发表的文章《加强党对全面依法治国的领导》中指出:"党的领导是社会主义法治最根本的保证。全面依法治国决不是要削弱党的领导,而是要加强和改善党的领导,不断提高党领导依法治国的能力和水平,巩固党的执政地位。"

当前,中国正面临百年未有之大变局,处在"两个一百年"奋斗目标的历史交汇期,中国特色社会主义法治建设的任务繁重而艰巨。只有传承发展好红色法治传统,坚持加强党对依法治国的领导,才能保证社会主义法治在正确的道路上稳步发展,有效地推进科学立法、严格执法、公正司法、全民守法,为实现中华民族伟大复兴的中国梦提供坚强的法治保障。

后 记

中华法治文明博大精深、源远流长，经过数千年嬗变、演化和发展，孕育了诸多饱含法治光辉的理性因子，可以为我国当前法治国家的建设所吸收、传承、发扬和转化。党的二十大报告明确要求："加快建设法治社会。……弘扬社会主义法治精神，传承中华优秀传统法律文化，引导全体人民做社会主义法治的忠实崇尚者、自觉遵守者、坚定捍卫者。……努力使尊法学法守法用法在全社会蔚然成风。"结合教学与科研现实要求，我们组织西北政法大学法治学院法制史教研室教师审慎选题，精心策划，充分吸纳和借鉴学界研究成果，编成《中华法治文明》一书。本书分为九个部分，分别为法系文明、法典文明、判例文明、律学文明、司法文明、监察文明、吏治文明、宪制文明及红色法治文明。本书凝结法制史教研室同仁集体智慧，结合个人学术兴趣，在立足于全球视野和中外比较的基础上，融入课程思政因素，立足系列专题研究和推介。

本书突出"文化自信"之历史底蕴和专业特色，通过遴选若干法律专题，凝练重点，为促进学生全面发展提供有力的专业知识保障，通过从宏观上把握中国四千多年法律制度发展演变的线索和规律，使学生了解中国法律历史上重要的法律制度及法律史实，从中掌握数千年历史中立法与司法的经验与教训，学会辨析法律文化的精华与糟粕，从而吸取经验，传承中华法治文化的优秀传统。本书各章特色鲜明、重点突出、布局合理、

后 记

相互照应，基本反映了中华法治文明中最为重要的思想、制度和文化等内容。目前，本书主要作为西北政法大学法学以外学科本科生通识必修课教材，同时，也可以作为法学教育者、研究者的参考书籍。

本书各章节分工及撰稿人情况如下：

律璞，西北政法大学法治学院副教授，法制史教研室主任，负责第一章"法系文明"部分的撰写工作，并担任本书副主编；

陈玺，西北政法大学法治学院三级教授，法治学院、法律硕士教育学院院长，负责第二章"法典文明"部分的撰写及全书策划、协调等工作，并担任本书主编；

汪世荣，西北政法大学法治学院二级教授，校长助理，负责第三章"判例文明"部分的撰写工作，并担任本书学术顾问；

闫晓君，西北政法大学法治学院二级教授，法律史学科负责人，负责第四章"律学文明"部分的撰写工作，并担任本书学术顾问；

吕虹，西北政法大学法治学院副教授，负责第五章"司法文明"部分的撰写工作，并担任本书副主编；

任亚爱，西北政法大学法治学院副教授，负责第六章"监察文明"部分的撰写工作，并担任本书副主编；

杨静，西北政法大学法治学院副教授，法治与国家治理研究室主任，负责第七章"吏治文明"部分的撰写工作，并担任本书副主编；

刘全娥，西北政法大学法治学院教授，负责第八章"宪制文明"部分的撰写工作，并担任本书副主编；

马成，西北政法大学法治学院教授，西北政法大学研究生院副院长，负责第九章"红色法治文明"部分的撰写工作，并担任本书副主编。

本书的顺利出版，特别感谢西北政法大学领导的指导与关怀，感谢教务处等职能部门的协调与帮助。因学术水平有限，如有错误或不当之处，敬请读者指正。

陈　玺
2023 年 1 月 8 日